Gerd Theißen
Soziologie der Jesusbewegung

W0059974

Gerd Theißen

Soziologie der Jesusbewegung

Ein Beitrag zur
Entstehungsgeschichte
des Urchristentums

Chr. Kaiser

Für Christa

CIP-Titelaufnahme der Deutschen Bibliothek

Theissen, Gerd:
Soziologie der Jesusbewegung: e. Beitr. zur Entstehungsgeschichte
d. Urchristentums / Gerd Theissen. –
5. Aufl. – München: Kaiser, 1988
(Kaiser-Taschenbücher; 35)
ISBN 3-459-01765-1
NE: GT

Der Titel erschien bis zur 4. Auflage in der Reihe
Theologische Existenz heute, hg. von
Trutz Rendtorff und Karl Gerhard Steck

© 1977 Chr. Kaiser Verlag München.
Printed in Germany.
Alle Rechte vorbehalten. Abdruck, auch auszugsweise, nur mit
Genehmigung des Verlages. Fotokopieren nicht gestattet.
Umschlag: Ingeborg Geith, München.

Satz: Druckerei Sommer GmbH, Feuchtwangen.
Druck u. Bindung: Clausen & Bosse, Leck

INHALT

Mit diesem Versuch einer »Soziologie der Jesusbewegung« schließe ich eine Reihe von soziologischen Arbeiten zum Urchristentum ab. Die Arbeit entstand neben meiner Tätigkeit als Religions- und Deutschlehrer und wendet sich an Leser, die ebenfalls in der Praxis stehen. Einige der hier vorgelegten Thesen habe ich in Fachzeitschriften gründlicher entfaltet. Darauf wird jeweils hingewiesen. Die Abkürzungen entstammen der RGG 3. Aufl. oder dem dtv-Lexikon der Antike.

Ich danke den zahlreichen Fachkollegen, die meine soziologischen Forschungen zum Neuen Testament durch Kritik und Zustimmung ermutigt haben, und nenne hier vor allem meinen verehrten Lehrer Philipp Vielhauer. Den Herausgebern dieser Reihe danke ich für die Aufnahme der Studie in die »Theologische Existenz heute«, den mir unbekannten Angestellten und Arbeitern in Verlag und Druckerei für ihre Sorgfalt und Mühe. Vor allem aber danke ich meiner Frau: Die innere und äußere Unabhängigkeit und Freiheit meiner theologischen Existenz ist zu einem guten Teil ihr Verdienst. Ohne diese Unabhängigkeit hätte ich eine »Soziologie der Jesusbewegung« nicht schreiben können. Wenn ich diese Schrift daher meiner Frau widme, so hat das sachliche und nicht nur familiäre Gründe.

Bonn, Februar 1977   Gerd Theißen

Zur 2. Auflage: Das Büchlein hat nicht nur Interesse, sondern auch Fragen nach dem theologischen Standpunkt des Verfassers hervorgerufen. Inzwischen habe ich meine Gedanken zu grundsätzlichen Fragen der Theologie, die ich auf S. 111 Anm. 39 ankündigte, niedergeschrieben. Sie werden als weiteres Heft dieser Reihe unter dem Titel: »Argumente für einen kritischen Glauben oder: Was hält der Religionskritik stand?« beim Chr. Kaiser Verlag im Herbst 1978 erscheinen.

St. Augustin, Juli 1978   Gerd Theißen

0 AUFGABEN UND METHODEN EINER SOZIOLOGIE DER JESUSBEWEGUNG

0.1 Die Jesusbewegung: Das Urchristentum begann als eine von Jesus hervorgerufene innerjüdische Erneuerungsbewegung. Übergänge zum hellenistischen Urchristentum und zum Judenchristentum sind fließend. Als grobes Abgrenzungskriterium dient ein geographisches und chronologisches Datum: Das hellenistische Urchristentum breitete sich vorwiegend außerhalb Palästinas aus, während die Jesusbewegung eine palästinische Erscheinung mit Ausstrahlung auf syrische Nachbargebiete war. Sie verselbständigte sich zum Judenchristentum nach 70 n. Ch. Zuvor hatte sie mit anderen innerjüdischen Erneuerungsbewegungen konkurriert; danach setzte sich der Pharisäismus durch, während die Christen exkommuniziert wurden. Die Jesusbewegung ist also die von Jesus hervorgerufene innerjüdische Erneuerungsbewegung im syrisch-palästinischen Bereich ca. 30 bis 70 n. Ch.

0.2 Aufgaben einer Soziologie der Jesusbewegung: Eine Soziologie der Jesusbewegung hat die Aufgabe, typisches zwischenmenschliches Verhalten in der Jesusbewegung zu beschreiben und seine Wechselwirkung mit der jüdisch-palästinischen Gesamtgesellschaft zu analysieren[1]. Zu unterscheiden sind Rollen-, Fak-

---

1 Es gibt kaum Literatur, die sich thematisch mit der Soziologie des palästinischen Urchristentums beschäftigt. Die überwiegend marxistisch inspirierten Beiträge nehmen zwar Erkenntnisse historisch-kritischer Forschung oft nur selektiv zur Kenntnis, enthalten aber wertvolle Anregungen: K. Kautsky: Der Ursprung des Christentums, Stuttgart [11]1921; P. Alfaric: Die sozialen Ursprünge des Christentums, Darmstadt 1963; M. Robbe: Der Ursprung des Christentums, Leipzig 1967. Von den theologischen Beiträgen zum Thema seien hier genannt: R. Schumacher: Die soziale Lage der Christen im apostolischen Zeitalter, Paderborn 1924; S. J. Case: The social origins of Christianity, Chicago 1923; E. Lohmeyer: Soziale Fragen im Urchristentum 1921 = Darmstadt 1973; F. C. Grant: The economic background of the Gospels, Oxford 1926; Ph. Seidensticker: Die Gemeinschaftsformen der religiösen Gruppen des Spätjudentums und der Urkirche, Stud. Bibl. Franc. IX, Jerusalem 1959, 94–198; G. Baumbach: Jesus von Nazareth im Lichte der jüdischen Gruppenbildung, Berlin 1971; M. Hengel: Eigentum und Reichtum in der frühen Kirche. Aspekte einer frühchristlichen Sozialgeschichte, Stuttgart 1973. Viele guten soziologischen Beobachtungen finden sich – oft beiläufig – in Beiträgen zum historischen Jesus, zur frühen Ekklesiologie,

toren- und Funktionsanalyse. Die Rollenanalyse untersucht typische Verhaltensmuster, die Faktorenanalyse deren Bedingtheit durch die Gesamtgesellschaft, die Funktionsanalyse ihre Auswirkungen auf die Gesamtgesellschaft. Dabei wird auf die Suche nach einer sozialen »prima causa« verzichtet, da ökonomische, ökologische, politische und kulturelle Faktoren in unauflöslicher Wechselwirkung stehen. Ebenso erübrigt sich eine einseitige Funktionsbestimmung der Religion, da diese in verschiedener Weise dazu beitragen kann, die Grundaufgaben einer Gesellschaft zu lösen, nämlich die Integration ihrer Glieder zu leisten und Konflikte durch Änderungen zu bewältigen. Integration kann Zwang und Einschränkung, aber auch Erweiterung und Bereicherung menschlicher Möglichkeiten bedeuten. Konflikte können sowohl durch kompensatorische Lösungen unterdrückt als auch durch neue Lösungsentwürfe aktualisiert werden. Es gibt zumindest vier mögliche Funktionen von Religion, die in einem Schema skizziert seien[2]:

	Integrative Funktion	Antagonistische Funktion
Restriktive Funktion	*Domestikation:* verinnerlichter sozialer Zwang	*Kompensation:* illusionäre Lösung von Konflikten
Kreative Funktion	*Personalisation:* Sozialisierung menschlicher Natürlichkeit	*Innovation:* Aktualisierung von Konfliktpotential, neue Lösungen

Religion kann Sozialkitt und erneuernder Impuls sein, kann Menschen einschüchtern und anpassen, aber auch zu eigenständigem Handeln verhelfen. All diese Funktionen lassen sich auch im Urchristentum feststellen. Jedoch ist unverkennbar, daß die innovierende Funktion von Religion nur selten so deutlich zu Tage tritt wie hier.

zur Sozialethik und vor allem zur Zeitgeschichte. Hier sind vor allem zwei grundlegende Werke zu nennen, die sich um die Einführung soziologischer Gesichtspunkte verdient gemacht haben: J. Jeremias: Jerusalem zur Zeit Jesu, Göttingen [3]1969; M. Hengel: Judentum und Hellenismus, WUNT 10, Tübingen [2]1973.
2 Vgl. dazu meine Ausführungen in: Theoretische Probleme religionssoziologischer Forschung und die Analyse des Urchristentums, NZSysThR 16 (1974), 35–56.

0.3 Methoden einer Soziologie der Jesusbewegung: Ob eine Soziologie der Jesusbewegung durchführbar ist, hängt von den Quellen und den in ihnen enthaltenen soziologisch relevanten Aussagen ab. Das Quellenmaterial ist leider spärlich und spröde, seine Auslegung umstritten, ein Interesse an der Mitteilung soziologischer Sachverhalte kaum vorhanden. Alle soziologischen Daten müssen mühsam erschlossen werden. Dabei lassen sich drei Rückschlußverfahren unterscheiden[3]:

a) *Konstruktive Rückschlußverfahren* werten vorwissenschaftliche soziologische Aussagen aus, die (prosopographisch) Angaben über Herkunft, Besitz und Status von Einzelpersonen oder (soziographisch) Angaben über Programm, Organisation und Verhaltensweisen ganzer Gruppen machen.

b) *Analytische Rückschlußverfahren* gehen von Texten aus, die indirekt den Blick auf soziologische Daten freigeben. Aufschlußreich sind Aussagen über wiederkehrende Einzelereignisse, Konflikte zwischen Gruppen oder ethische und juridische Normen, ferner literarische Formen und poetische Aussagen (zB. Gleichnisse).

c) *Vergleichende Rückschlußverfahren* stützen sich auf analoge Bewegungen innerhalb der damaligen Umwelt. Je verbreiteter eine Verhaltensweise in der jüdisch-palästinischen Gesellschaft war, um so eher darf vermutet werden, daß sie gesamtgesellschaftlich bedingt war. Den innerjüdischen Erneuerungsbewegungen neben der Jesusbewegung, den Essenern und Zeloten, wird daher besondere Beachtung geschenkt.

Ob die Quellen genügend Daten hergeben, um den Versuch einer Soziologie der Jesusbewegung zu rechtfertigen, müssen die folgenden Ausführungen zeigen. Eine methodologisch begründete Skepsis ist verständlich und berechtigt: Wir wissen sehr wenig. Vieles muß Vermutung bleiben. Doch ist wissenschaftliches Arbeiten so lange legitim, wie schlechtere und bessere Hypothesen begründet gegeneinander abgewogen werden können.

0.4 Die Quellen: Die synoptischen Evangelien sind die wichtigsten Quellen für die Jesusbewegung, die Geschichtswerke des Josephus die aufschlußreichsten Quellen für die jüdische Umwelt. Bei den synoptischen Evangelien muß nur das ausgeschieden werden, was hellenistischen Ursprungs ist. Alles andere kann ver-

---

3 Vgl. dazu meinen Aufsatz: Die soziologische Auswertung religiöser Überlieferungen, Kairos 17 (1975), 284–299.

wertet werden. So kann die Frage offen bleiben, ob es sich um echte oder unechte Jesustraditionen handelt. Setzen wir die Echtheit einer Überlieferung voraus, so dürfen wir annehmen, daß die Tradenten ihr Leben in Übereinstimmung mit der Überlieferung gestaltet haben. Nehmen wir ihre Entstehung in der nachösterlichen Jesusbewegung an, so kann vorausgesetzt werden, daß die Tradenten die Überlieferung in Übereinstimmung mit ihrem Leben gestaltet haben. Das Ergebnis ist in beiden Fällen das gleiche: Es ergibt sich eine Korrespondenz zwischen den sozialen Trägern der Überlieferung und der Überlieferung selbst. Eine Soziologie der Jesusbewegung steht somit über dem Streit der »konservativen« und »kritischen« Exegese um die Authentizität und Historizität der Überlieferung. Von den Aporien der Leben-Jesu-Forschung bleibt sie unberührt. Sie ist eher ein Beitrag zur Lösung dieser Aporien. Denn sie legt die Annahme einer Kontinuität zwischen Jesus und der Jesusbewegung nahe und eröffnet damit die Möglichkeit, Erkenntnisse über die Jesusbewegung auf Jesus zu übertragen[4].

0.5 Zum Vorverständnis religionssoziologischer Analyse des Urchristentums: Häufig wird weniger die methodische Durchführbarkeit als die Legitimität religionssoziologischer Forschung bestritten: Sie gehe von einem einseitigen Vorverständnis aus und verhindere »wahres« Verständnis. Die Vorwürfe lauten zB., Soziologie erfasse nur das Allgemeine, verfehle aber das Individuelle. Richtig ist, daß sich eine Soziologie der Jesusbewegung auf allgemeine, strukturelle Aspekte beschränkt. Aber sie vollzieht diese Beschränkung bewußt. Sie beansprucht nicht, allen Aspekten des Gegenstandes gerecht zu werden. Abgesehen davon hebt sich Individuelles um so deutlicher vom Allgemeinen und

4   Eine Kontinuität läßt sich auf makro- und auf mikrosoziologischer Ebene feststellen: Innerhalb der jüdisch-palästinischen Gesamtgesellschaft hat es zwischen dem Wirken Jesu (ca. 25/30 n. Ch.) und der nachösterlichen Jesusbewegung (ca. 30–70 n. Ch.) keine grundlegenden Veränderungen gegeben. Was, soziologisch gesehen, 30–70 n. Ch. möglich war, war auch in den fünf Jahren vorher möglich. Umstrittener ist die Kontinuität auf mikrosoziologischer Ebene. Unbestreitbar ist, daß es eine personale Kontinuität gegeben hat (der vorösterliche Jüngerkreis war Träger des nachösterlichen Glaubens), ferner, daß der Jüngerkreis seinen Lebensstil als Wanderprediger fortsetzte. Damit setzten sie das Wandercharismatikertum Jesu fort. Sofern formgeschichtliche Skepsis hinsichtlich der Historizität unserer Überlieferungen auf der Annahme eines soziologischen Bruchs zwischen dem Wanderprediger Jesus und ortsansässigen Gemeinden beruht, ist sie unzureichend begründet.

Typischen ab, je klarer letzteres herausgearbeitet wurde. Vor einer Geringschätzung des Allgemeinen, Typischen aber sei mit Worten J. Burckhardts gewarnt: »Allgemeine Facta aber, wie die der Kulturgeschichte, dürften wohl durchschnittlich wichtiger sein als die speziellen, das sich Wiederholende wichtiger als das Einmalige!«[5] Wer wollte J. Burckhardt mangelnden Sinn für Individualität vorwerfen?

Ein weiterer Vorwurf lautet, Soziologie reduziere religiöse Erscheinungen auf nicht-religiöse Faktoren. Richtig ist: Soziologie stellt zwischen religiösen und nicht-religiösen Erscheinungen mehr Zusammenhänge fest, als religiöses Selbstverständnis wahrhaben will. Die einseitige kausale Ableitung religiöser Erscheinungen aus sozialen Fakten ist jedoch nur eine mögliche Interpretation dieser Zusammenhänge, zudem eine unwahrscheinliche. Die Annahme einer Wechselwirkung ist meist befriedigender. Außerdem muß man streng zwischen Genesis und Geltung unterscheiden: Ein Gedanke mag aus welchen Ursachen auch immer entstanden sein –, sein Anspruch auf Geltung ist davon unabhängig.

Das sind nur zwei Vorwürfe gegen eine religionssoziologische Erforschung des Urchristentums, zu denen weitere erhebliche, grundsätzliche und ähnlich lautende tiefschürfende Bedenken kommen, auf die hier nicht eingegangen werden muß. Denn grundsätzlich gilt: Nicht der hat sich zu rechtfertigen, der Fragen stellt, sondern wer sie als unzulässig ablehnt. Daher sei zur Rechtfertigung einer Soziologie der Jesusbewegung nur kurz auf einige vorwissenschaftlichen Erkenntnisinteressen hingewiesen: Da gibt es ein allgemein menschliches Neugierverhalten, das gerade von jenen Zusammenhängen gereizt wird, die von pietätvoller Aura verhüllt sind; vielen erschwert solche Aura den Zugang zur Sache. Da gibt es die Verpflichtung, über entscheidende Ereignisse unserer Geschichte gerecht zu urteilen. Das setzt Kenntnisse historischer und sozialer Zusammenhänge voraus. Da gibt es schließlich jene zentrale Frage menschlichen Zusammenlebens, auf die wir bei der Beschäftigung mit der Jesusbewegung stoßen: Wie in sozialen Spannungen Erneuerung möglich ist, ohne daß neue zerstörerische Aggressionen freigesetzt werden. Diese Erkenntnisinteressen sind mE. legitim; und die besten Voraussetzungen, ihnen gerecht zu werden, sind: Bereitschaft zur Korrektur von Voreingenommenheiten, teilnehmende Sympathie und eine Ahnung davon, daß alle Dinge zwei Seiten haben.

5 J. Burckhardt: Griechische Kulturgeschichte, Ges. Werke Bd. 5, Berlin o. J., 6.

Die innere Struktur der Jesusbewegung wurde durch die Inter-
aktion von drei Rollen bestimmt: den Wandercharismatikern, deren Sympathisanten in Ortsgemeinden und dem Offenbarer. Zwischen Wandercharismatikern und Ortsgemeinden herrschte ein
komplementäres Verhältnis: Wandercharismatiker waren die
entscheidenden geistigen Autoritäten in den Ortsgemeinden,
Ortsgemeinden die unerläßliche soziale und materielle Basis der
Wandercharismatiker. Beide lebten und legitimierten sich aus
ihrer Beziehung zum transzendenten Offenbarer. Ihr Verhältnis
zu ihm ist durch reziproke Erwartungen gekennzeichnet. Die verschiedenen Christologien bringen Verhaltenserwartungen an den
Offenbarer zum Ausdruck, die ethischen und religiösen Gebote
formulieren dessen Erwartungen an die Gläubigen. Beide schreiben sich gegenseitig bestimmte Rollen zu[6].

1 Die Rolle der Wandercharismatiker

Die erste These, die an den Quellen zu überprüfen ist, besagt,
daß Jesus nicht primär Ortsgemeinden gegründet, sondern eine
Bewegung vagabundierender Charismatiker ins Leben gerufen
hat. Die entscheidenden Gestalten des frühen Urchristentums waren wandernde Apostel, Propheten und Jünger, die sich von Ort
zu Ort bewegten und sich in diesen Orten auf kleine Sympathisantengruppen stützen konnten. Diese Sympathisantengruppen
blieben organisatorisch im Rahmen des Judentums. Sie verkör-
perten weniger deutlich das Neue des Urchristentums, waren sie
doch in die alten Verhältnisse durch mannigfaltige Verpflichtungen und Bindungen verstrickt. Träger dessen, was sich später als

6 Die Übertragung der Rollentheorie auf Gegenstände religiösen Glau-
bens kann sich auf H. Sundén berufen: Die Religion und die Rollen,
Berlin 1966; ders.: Gott erfahren. Das Rollenangebot der Religionen,
GTB 98, Gütersloh 1975. Zur Rolle des Wandercharismatikers vgl. G.
Kretschmar: Ein Beitrag zur Frage nach dem Ursprung frühchristlicher
Askese, ZThK 61 (1964) 27–67; M. Hengel: Nachfolge und Charisma,
BZNW 34, Berlin 1968; G. Theißen: Wanderradikalismus, ZThK 70 (1973),
245–271.

Christentum verselbständigte, waren vielmehr heimatlose Wandercharismatiker. Der Begriff des »Charismatikers« hält fest, daß ihre Rolle keine institutionalisierte Lebensform war, der man durch eigenen Entschluß beitreten konnte. Vielmehr wurde sie durch einen unverfügbaren Ruf begründet. Sie prägte die Jesusbewegung, wie im folgenden mit den oben skizzierten drei Rückschlußverfahren zu zeigen ist.

1.1 Konstruktive Rückschlüsse: Nach Lk wurde die Jerusalemer Urgemeinde von zwölf Aposteln geleitet (Apg 1,12ff). Lk projiziert dabei sein Ideal einer kollegial geleiteten Ortsgemeinde in die Vergangenheit. Denn als Paulus drei Jahre nach seiner Bekehrung Jerusalem besuchte, fand er von der vermeintlichen Gemeindeleitung nur Petrus (Gal 1,18). Wo waren die anderen? Die nächstliegende Erklärung ist: Sie zogen durchs Land, um zu missionieren und zu heilen. Das wurde ihnen Mk 3,13ff aufgetragen; von Gemeindeleitung war nirgends die Rede. Fünfzehn Jahre später traf Paulus in Jerusalem nur »drei Säulen« an, unter ihnen Petrus (Gal 2,9), der oft auf Wanderschaft war (Apg 8,14; 9,32ff; 10,1ff; Gal 2,11ff; 1Kor 1,12). Der von ihm geleitete Zwölferkreis verschwand bald. Sein Auftrag lag nach Mt 19,28 bei den zwölf (verstreuten) Stämmen Israels. Wahrscheinlich hat er sich in alle Windrichtungen verstreut. Dasselbe gilt vom Kreis um Stephanus. Angeblich gewählt, um den Zwölferkreis bei der Lebensmittelverteilung zu entlasten und dabei die hellenistischen Gemeindeglieder angemessen zu bedenken, traten seine Mitglieder bald als eigenständige Missionare auf (Apg 8,4; 11,19ff). Ihre Mobilität wird nicht erst mit ihrer Vertreibung aus Jerusalem zu datieren sein. Einer von ihnen stammte aus Antiochien (Apg 6,5). Dort gab es einen ökumenisch zusammengesetzten Fünferkreis (Apg 13,1): Barnabas kam aus Zypern (Apg 4,36), Paulus aus Tarsos (Apg 22,3), Lukios aus der Kyrenaika; Menahem wurde zusammen ·mit dem Fürsten Herodes Antipas erzogen – entweder in Jerusalem oder Rom. Paulus und Barnabas waren Wanderprediger. Bei den anderen ist es zu vermuten. Prinzipiell kamen auch sie für die Mission in Frage, für die Paulus und Barnabas »ausgesondert« wurden (Apg 13,2). Antiochien war somit die »Heimatgemeinde« eines Kreises von Wandercharismatikern. Aber auch fremde Wandercharismatiker traten hier auf, unter ihnen der Prophet Agabus (Apg 11,27ff), der auch Judäa und Cäsarea »bereiste« (Apg 21,10). Noch in der Didache (in der 1. Hälfte des 2. Jahrhunderts) waren wandernde Propheten und Lehrer die entscheidenden Autoritäten, die sich auf Zeit in einer Gemeinde niederließen (Did 13,1f). Über ihnen standen noch die »Apostel«, die »nach der Lehre des Evangeliums« lebten und sich höchstens drei Tage an einem Ort aufhalten durften (11,3ff). All diese Wandercharismatiker genossen ein höheres Ansehen als die ortsansässigen Ämter (15,2). Kein Wunder, daß dies Ansehen mißbraucht wurde. Die Didache warnt vor herumreisenden christlichen Propheten, die mit Christus hausieren gingen (12,5). Der Satiriker Lukian hat einen dieser Propheten zum Gegenstand seines Spotts gemacht und ihn als schmarotzenden Vagabunden verunglimpft – wahrscheinlich zu Unrecht (Peregr. 16). Gewiß hat nicht er allein so abwertend über diese Gestalten gedacht. Deren Nachfolger begegnen uns noch in den ps.-klementinischen Briefen ad virgines. Und auch sonst hat die heimatlose vita apostolica immer wieder in der Kirchengeschichte neue Anhänger gefunden. Wir halten fest: Was wir an Nachrichten über die ersten urchristlichen Autoritäten hören, weist auf Wandercharismatiker.

1.2 Analytische Rückschlüsse: Wandercharismatiker waren keine Randerscheinung in der Jesusbewegung. Sie haben die ältesten Traditionen geprägt und bilden den sozialen Hintergrund für einen großen Teil der synoptischen Überlieferung, insbesondere für die Logienüberlieferung. Vieles, was hier zunächst befremdlich und exzentrisch erscheint, wird verständlicher, wenn man bedenkt, wer diese Worte tradiert und praktiziert hat. Am aufschlußreichsten sind hier ethische Normen, da sie sich direkt auf das Verhalten der Nachfolger Jesu beziehen, insbesondere das hier begegnende Ethos der Heimat-, Familien-, Besitz- und Schutzlosigkeit.

1.2.1 *Heimatlosigkeit:* Die Aufgabe der stabilitas loci gehörte konstitutiv zur Nachfolge. Die Berufenen verließen Haus und Hof (Mk 1,16; 10,28ff), folgten Jesus nach und begleiteten ihn in die Heimatlosigkeit. Ihnen galt der Spruch: »Die Füchse haben Gruben und die Vögel des Himmels Nester, der Menschensohn aber hat nichts, wohin er sein Haupt legen kann« (Mt 8,20). Nun könnte man meinen, die Jünger seien nach dem Tode Jesu wieder zum seßhaften Leben zurückgekehrt. Aber abgesehen von den praktischen Schwierigkeiten – wer einmal seinen Heimatort verlassen hatte, konnte dort nur schwer wieder Wurzeln fassen –, wir hören nichts davon. Wir hören nur davon, daß sich einige in Jerusalem aufhielten (also nicht in ihrer galiläischen Heimat), und dürfen annehmen, daß die meisten ihr Wanderleben fortführten: die »Lebensweise des Herrn«, wie es die Didache nennt (11,8). Die Aussendungsrede (Mt 10,5ff) macht das Wanderleben zur Pflicht. Und die Didache urteilt ganz eindeutig: »Ein Apostel, der länger als zwei Tage bleibt, ist ein Pseudoprophet« (11,5). Daß diese Heimatlosigkeit nicht immer nur freiwillig war, ist verständlich. In Mt 10,23 kommen verfolgte Wandercharismatiker zu Wort: »Wenn sie euch aber in dieser Stadt verfolgen, so fliehet in eine andere. Amen, ich sage euch, ihr werdet mit den Städten Israels nicht zu Ende kommen, bis der Menschensohn kommt.« Sie wurden verfolgt (vgl. Mt 23,34; Apg 8,1) und in vielen Orten abgewiesen (Mt 10,44).

1.2.2 *Familienlosigkeit:* Ein afamiliärer Zug prägt das Ethos urchristlicher Wandercharismatiker; sie hatten mit Haus und Hof auch ihre Familie verlassen (Mk 10,29). Der Bruch mit ihr schloß Pietätlosigkeit ein: Einem Nachfolger wurde verboten, seinen verstorbenen Vater zu beerdigen (Mt 8,22). Andere ließen ihren Vater bei der Arbeit zurück (Mk 1,20). Ja, der Haß aller Angehörigen konnte zur Verpflichtung gemacht werden:

Wenn jemand zu mir kommt
und nicht seinen Vater und seine Mutter
und sein Weib und seine Kinder
und seine Brüder und seine Schwestern
und dazu auch sein Leben haßt,
kann er nicht mein Jünger sein (Lk 14,26)

Auch das Lob der Kastration (Mt 19,10f) spricht nicht für ausgeprägten Familiensinn. Man versteht, warum der urchristliche Prophet in seiner Vaterstadt, dort, wo die verlassenen Familien wohnten, nicht viel galt (Mk 6,4). Vielleicht ist Petrus in diesem Zusammenhang zu seinem Beinamen »Barjona« gekommen (Mt 16,17). In Joh 1,42 wird das zwar als »Sohn des Johannes« wiedergegeben, aber »Barjona« hieße »Sohn des Jona«. Bedenkenswert ist m. E. die Interpretation, die Barjona von »wüst, leer, öd« ableitet und den Beinamen im Sinne von »outlaw«, »outcast« versteht. In den Augen derer, die er verlassen hatte, war Petrus wahrscheinlich ein »Barjona«, jemand, der sich in Einöden aufhielt und am Rande der Gesellschaft ein Außenseiterdasein führte. Wahrscheinlich haben viele Familien über ihre Söhne, die sich der Jesusbewegung angeschlossen hatten, nicht anders geurteilt als die Familie Jesu über ihren »verlorenen Sohn«: Sie hielt ihn schlicht für verrückt (Mk 3,21). In der Aussendungsrede wird dies Urteil ausdrücklich verallgemeinert: »Der Jünger ist nicht mehr als sein Lehrer und der Sklave nicht mehr als sein Herr. Wenn sie den Hausherrn Beelzebub genannt haben, um wie viel mehr seine Hausgenossen« (Mt 10,25). Die Angehörigen der Jesusbewegung haben sich natürlich gegen den Vorwurf eines afamiliären Ethos verteidigt. Sie rechtfertigten sich z. T. damit, daß sie den Familienbegriff umprägten: Wahre Verwandte seien nicht die angeborenen Familienangehörigen, sondern die, die Gottes Wort hören und tun (Lk 8,19–21). Gepriesen wurde nicht die Mutter Jesu, sondern die Hörer des Wortes (Lk 11,28 ff). Ersatz für die verlassenen Familien fanden die Jünger hundertfältig bei den Sympathisanten der Jesusbewegung: »Häuser und Brüder und Schwestern und Mütter und Kinder und Äcker«, und zwar schon in diesem Äon (Mk 10,30). Die Überlieferung schweigt darüber, wo die verlassenen Familien Ersatz für die verlorenen Arbeitskräfte finden sollten, aber sie verschweigt nicht die unvermeidbaren Zerwürfnisse mit den Familien. Man tröstete sich damit, daß so etwas eben zu den Wehen der Endzeit gehöre und daher notwendig sei (Lk 12,52 f, Mt 10,21).

1.2.3 *Besitzlosigkeit:* Ein drittes Merkmal urchristlichen Wandercharismatikertums ist die Kritik an Reichtum und Besitz. Wer in demonstrativer Armut, ohne Geld, Schuhe, Stab und Vorräte, nur mit einem Kleid versehen über die Straßen Palästinas und Syriens wanderte (Mt 10,10), konnte Reichtum und Besitz kritisieren, ohne unglaubwürdig zu werden. Zumal dann, wenn er seinen Besitz verschenkt hatte. Denn das gehörte zur vollen Nachfolge. Deswegen konnte sich der reiche Jüngling nicht zu ihr entschließen (Mk 10,17 ff). Anders Barnabas: Er verkaufte einen Teil seiner Güter (Apg 4,36 f). Wer so handelte, konnte die Meinung vertreten, daß eher ein Kamel durch ein Nadelöhr komme als ein Reicher in die Gottesherrschaft (Mk 10,25), konnte dazu mahnen, daß man Schätze im Himmel statt auf Erden sammeln solle (Mt 6,19 ff), konnte warnen, daß man Gott und dem Mammon nicht zugleich dienen könne (Lk 16,13) und damit drohen, daß die nahe Weltenwende alle irdischen Verhältnisse umkehren werde:

Weh euch, ihr Reichen, ihr habt euren Lohn schon bekommen!
Weh euch, ihr Gesättigten, denn ihr werdet hungern!
Weh euch, die ihr jetzt lacht, denn ihr werdet trauern und weinen!
(Lk 6,24 f).

In aggressionsgesättigten Phantasien malte man sich das schreckliche Ende des Reichen und das Glück des Armen im Jenseits aus (Lk 16,19–31). Gewiß haben sich so schon immer Benachteiligte getröstet. Hier aber war es mehr. Hier war Armut nicht nur Schicksal, sondern Aufgabe. Denn der Wandercharismatiker durfte sich nur mit der allernotwendigsten Tagesration versehen. So wollte es die »Lehre des Evangeliums« (Did 11,3 ff). Hinter seiner demonstrativen Armut stand ein unbedingtes Vertrauen in die Güte Gottes, der seinen Missionar nicht verkommen lassen würde:

Deshalb sage ich euch: Sorget euch nicht um euer Leben, was ihr essen oder war ihr trinken sollt, noch um euren Leib, was ihr anziehen sollt! Ist nicht das Leben mehr als die Speise und der Leib mehr als die Kleidung? Sehet die Vögel unter dem Himmel an! Sie säen nicht und ernten nicht und sammeln nicht in Scheunen und euer himmlischer Vater ernährt sie doch. Seid ihr nicht viel mehr wert als sie ... (Mt 6,25–32).

Man darf in solche Worte nicht die Stimmung sonntäglicher Familienspaziergänge hineinlesen. Es geht hier nicht um die Freude an Vögeln, Blumen und Wiesen. Vielmehr spricht aus diesen Worten die Härte der heimat- und schutzlosen, vogelfreien Existenz wandernder Charismatiker, die ohne Besitz und Arbeit durch die Lande zogen. Und wenn es am Ende heißt: »Sorget nicht für den morgigen Tag, denn der Morgen wird seine eigene Sorge haben. Jeder Tag hat genug an seinem eigenen Übel« (Mt 6,34) – möglicherweise eine pessimistische Erfahrungsweisheit –, so ist solche Weisheit im Munde herumvagabundierender Charismatiker ebenso glaubwürdig wie die Bitte um das tägliche Brot, dh. um die Tagesration. Diese Leute lebten von der unplanbaren Unterstützung durch Sympathisanten, denen sie als Gegenleistung Predigt und Heilungen zu bieten hatten (Lk 10,5 ff); und das war von außen gesehen nicht viel: Die Predigt bestand aus Worten, Heilungen waren keine alltäglichen Ereignisse, so daß die seßhaften Sympathisanten besonders motiviert werden mußten, um Wandercharismatiker zu unterstützen: »Wer einem dieser Kleinen einen Becher kühlen Wassers gibt, weil er mein Jünger ist, wahrlich, ich sage euch: Ihm soll sein Lohn nicht mangeln« (Mt 10,42). Im Klartext: Die Unterstützung geschah zunächst à fond perdu. Erst im zukünftigen Gericht sollte sie sich als nützlich erweisen. Dann würde der Friedensgruß der Apostel und Propheten magischen Schutz bieten, ihre Ablehnung sich jedoch rächen (Lk 10,5 ff). Auch wenn das keine normale Bettelei war, so war es doch Bettelei höherer Ordnung, charismatische Bettelei, die darauf vertraute, das Problem des Lebensunterhalts werde sich schon von selbst nach dem Motto erledigen: »Suchet ... zuerst die Gottesherrschaft und ihre Gerechtigkeit, dann werden euch alle diese Dinge hinzugefügt werden« (Mt 6,33).

1.2.4 *Schutzlosigkeit:* Recht- und Schutzlosigkeit wurden bewußt riskiert. Wer ohne Stab auf antiken Straßen zog, verzichtete demonstrativ auf das geringste Mittel der Selbstverteidigung. In solch eine Situation gehört das Gebot, daß man dem Bösen nicht widerstehen soll, daß man die linke Backe hinhalten soll, wenn die rechte geschlagen wird (Mt 5,38 f). Die Mahnung: »Wer dich nötigt, eine Meile weit zu gehen, mit dem gehe zwei!« (Mt 5,41) nimmt u. U. direkt auf die Situation wandernder Charismatiker Bezug: Wer ohnehin unterwegs ist, dem dürfte es gleichgültig sein, ob er zu einer oder zu zwei Meilen Dienstleistung gepreßt wurde. Dieser Verzicht auf Verteidigung wurde auch vor Behörden und Gerichten geübt. Man überließ es dem heiligen Geist, die richtigen Worte zu finden (Mt 10,17 ff).

1.3 Ein vergleichender Rückschluß: Eine gewisse Analogie zum urchristlichen Wandercharismatikertum bilden die kynischen Wanderphilosophen. Auch bei ihnen finden wir eine vagabundierende Existenz mit einem Ethos der Heimat-, Familien- und Besitzlosigkeit verbunden. In seinen Ausführungen über den Kyniker wirft Epiktet die Frage auf: »Wie es möglich sei, ohne Hab und Gut, nackt, ohne Haus und Hof, ohne Pflege, ohne Knecht, ohne Vaterland glücklich zu leben?« und er antwortet:

»Seht da, Gott hat euch den gesandt, der es euch durch die Tat beweisen kann, daß es möglich ist! Alles jenes habe ich nicht, ich liege auf der Erde, ich habe kein Weib, keine Kinder, keinen kleinen Palast, sondern nur Erde und Himmel und ein einziges großes Mäntelchen. Und doch, was fehlt mir? Bin ich nicht frei von Sorgen, ohne Furcht, bin ich nicht frei?« (Diss. 22,46–48).

Auch diese Außenseiter wurden verfolgt, zB. unter Vespasian (Sueton Vesp. 10). Ihre Verwandtschaft mit den urchristlichen Erscheinungen erhellt auch daraus, daß der urchristliche Wandercharismatiker Peregrinus zum Kynismus konvertieren konnte. Zwar führen uns diese Analogien in den außerpalästinischen Bereich, doch hat die Jesusbewegung schon früh über Palästina hinaus gewirkt. Wandercharismatiker traten in Antiochien (Apg 13,1ff) und in den paulinischen Gemeinden auf, wo sie – wie in Korinth – dem Paulus Schwierigkeiten bereiteten.

1.4 Zusammenfassung: Der ethische Radikalismus der synoptischen Tradition war Wanderradikalismus, der sich nur unter extremen und marginalen Lebensbedingungen praktizieren ließ. Nur wer aus den alltäglichen Bindungen der Welt entlassen war, wer Haus und Hof, Frau und Kinder verlassen hatte, wer die Toten die Toten begraben ließ und die Lilien und Vögel zum Vorbild nahm, konnte dies Ethos glaubwürdig praktizieren und tradieren. Nur in einer Bewegung von Außenseitern hatte es eine Chance. Kein Wunder, daß uns immer wieder Außenseiter in der Tradition begegnen: Kranke und Behinderte, Prostituierte und Taugenichtse, Steuereintreiber und verlorene Söhne. Zu dieser Außenseiterrolle urchristlicher Wandercharismatiker paßt ihre eschatologische Naherwartung: Enderwartung und Lebenspraxis stimmten hier überein; wie sie sich in ihren alltäglichen Handlungen immer wieder von dieser Welt lösten, so vernichteten sie diese Welt immer wieder in ihrer mythischen Phantasie, etwa wenn sie die Ablehnung durch diese Welt verarbeiten mußten. Wie nahe lag es da, feindliche Orte in den Feuern und Flammen des jüngsten Gerichts untergehen zu lassen (Lk 10,14 f). Zwar bekämpften sie solche Rachephantasien (Lk 9,51 ff), aber das bestätigt ihre Existenz.

2 Die Rolle der Sympathisanten in den Ortsgemeinden

Es ist unmöglich, Jesusbewegung und synoptische Tradition ausschließlich von den Wandercharismatikern her zu verstehen. Neben ihnen gab es »Ortsgemeinden«, seßhafte Sympathisantengruppen. Der Begriff »Gemeinde« könnte irreführend sein. Denn diese Gruppen blieben ganz im Rahmen des Judentums und dachten nicht daran, eine neue »Kirche« zu gründen. Leider erfahren wir nur sehr wenig über sie.

2.1 Konstruktive Rückschlüsse: Schon Jesus fand in Häusern von Sympathisanten Aufnahme, zB. bei Petrus (Mt 8,14), Maria und Martha (Lk 10,38 ff), Simon dem Aussätzigen (Mk 14,3 ff); einige Frauen unterstützten ihn materiell (Lk 8,2 f). Solche sympathisierenden Familien waren wohl der Kern späterer Ortsgemeinden. Genaues wissen wir nicht. Denn für den palästinischen Bereich sind Ortsgemeinden nur für Jerusalem (Apg 1 ff) und Judäa (Gal 1,22) bezeugt. Zahlreicher waren sie in den hellenistischen Stadtrepubliken, in Cäsarea (Apg 10,1 ff), Ptolemais (21,7), Tyros und Sidon (21,3 f), Antiochien (11,20 ff) und Damaskus (9,10 ff). Vielleicht darf man e silentio schließen, daß ihre Bedeutung im palästinischen Bereich geringer als dort war. Nur die Jerusalemer Gemeinde trat hier hervor. Sie könnte Heimatgemeinde der ersten urchristlichen Wandercharismatiker gewesen sein (etwa für Petrus und Agabus). Bald aber hatte in ihr der Herrenbruder Jakobus das Sagen, und er war kein Wandercharismatiker (vgl. Apg 12,17; 15,13; 21,18; Jos. ant. 20,200 Eus. h.e. II 23,4ff).

2.2 Analytische Rückschlüsse: Es gibt nur wenige synoptische Traditionen, deren Sitz im Leben unverkennbar Ortsgemeinden sind. Zu ihnen gehört die synoptische Apokalypse, die zum Verlassen der Häuser in der endzeitlichen Katastrophe auffordert (Mk 13, 14ff). Der Text beleuchtet schlaglichtartig die Mentalität der Ortsgemeinden: Auch hier gab es eine latente Bereitschaft zum Verlassen des Wohnsitzes; auch hier rechnete man damit, bald zum heimatlosen Flüchtling zu werden. Das Vorbild der Wandercharismatiker mochte diese Bereitschaft stärken. Insgesamt war man jedoch weniger radikal als die Wandercharismatiker. Das zeigt sich bei drei Problemen, die jede Gruppe in irgendeiner Weise lösen muß: bei dem Problem der Verhaltensregulation, der Autoritätsstruktur und des Aufnahme- und Ausschlußverfahrens.

2.2.1 *Verhaltensregulation:* Bei den Verhaltensnormen mußten sich in den Ortsgemeinden die domestizierenden Auswirkungen von Beruf, Familie und Nachbarschaftskontrolle bemerkbar machen; man konnte sich nicht jene Freiheiten gegenüber dem Gesetz herausnehmen, die ungebundenen Wanderpredigern möglich waren. Wenn wir in den Synoptikern nebeneinander radikalere und gemäßigtere Normen finden, so liegt es nahe, dies Nebeneinander mit dem Nebeneinander von Wandercharismatikertum und Ortsgemeinden in Verbindung zu bringen, auch wenn man die verschiedenen Aussagen nie eindeutig den beiden Sozialformen der Jesusbewegung zuordnen kann, da die Traditionen der Wandercharismatiker selbstverständlich auch in den Ortsgemeinden bekannt waren (und umgekehrt). So wollten einige Gemeinden das Gesetz bis ins Kleinste erfüllt sehen (Mt 5,17ff), anstatt es zu kritisieren (Mt 5,21ff). Schriftgelehrte und Pharisäer waren für sie legitime Autoritäten (Mt 23,1ff), keine moralisch verrotteten Instanzen, über die man nur noch Weherufe ausrufen konnte (Mt 23,13ff). Sie erkannten den Tempel und seine Priesterschaft durch Opfer (Mt 5,23), Tempelsteuer (Mt 17,24ff) und die Inanspruchnahme priesterlicher »Gesundheitserklärungen« an (Mk 1,44), anstatt seinen kultischen Betrieb zu verwerfen (Mk 11,15ff). Sie akzeptierten die Fastensitten der Umwelt (Mt 6,16ff) und bejahten Ehe und Familie (Mk 10,2ff, 10,13ff). In manchen Punkten paßten sie sich bewußt äußerlich an, ohne eine innere reservatio mentalis aufzugeben. Denn man wußte: Eigentlich war man von der Tempelsteuer befreit (Mt 17,26), eigentlich war das Gesundheitszeugnis des Priesters überflüssig (Mk 1,44), im Grunde waren Schriftgelehrte und Pharisäer fragwürdige Autoritäten, deren Worte nicht mit ihren Werken übereinstimmten (Mt 23,3). Im Grunde war Versöhnung wichtiger als Opfer (Mt 5,23). Man wußte, daß es nicht auf das Äußere ankam, wenn man Almosen gab, betete oder fastete, sondern auf das Innere, das allein Gott offenbar ist (Mt 6,1ff). Gerade diese Frömmigkeitsregeln sind aufschlußreich; sie lassen sich m. E. eindeutig in Ortsgemeinden lokalisieren: Nur dort gab es das stille »Kämmerlein« (Mt 6,6), nur dort die massive soziale Kontrolle durch Nachbarschaft und Öffentlichkeit, der man sich durch Rückzug ins Verborgene zu entziehen suchte[7]. Hier mußte man betonen, daß man Gesetze, Sitten und Normen der Umwelt erfüllen wollte – möglicherweise noch perfekter, als es dort geschah; hier suchte man die »bessere Gerechtigkeit« (Mt 5,20).

Es gab also ein abgestuftes Ethos für Wandercharismatiker und ortsansässige Sympathisanten. Dafür gibt es auch direkte Hinweise. Bei Mt wird vom reichen Jüngling zunächst die Erfüllung aller Gebote verlangt. Erst danach wird er in die Nachfolge gerufen. Dabei wird der Nachfolgeruf nicht apodiktisch, sondern konditional formuliert:»Wenn du vollkommen sein willst, so gehe hin und verkaufe deine Güter und gib den Armen . . .« (Mt 19,21). Es gibt besondere Gebote für Vollkommene. Ähnlich formuliert die Didache:»Wenn du das ganze Joch des Herrn tragen kannst, so bist du vollkommen. Wenn du es nicht kannst, so tu, was du vermagst« (Did 6,2).

2.2.2 *Autoritätsstruktur:* Die Autoritäten der Ortsgemeinden waren zunächst Wandercharismatiker. Ortsansässige Autoritäten erübrigten sich in kleinen Gemeinden ohnehin. Wo zwei oder drei im Namen Jesu versammelt waren (Mt 18,20), war eine Hierarchie überflüssig. Probleme wurden entweder von der ganzen Gemeinde oder von vorbeikommenden Wandercharismatikern entschieden. Wir finden daher nebeneinander Worte, die die Vollmacht des Bindens und Lösens der Gemeinde und dem Petrus (einem Wandercharismatiker) zusprechen (Mt 18,18, 16,19). Ver-

7 Vgl. die sehr interessante Analyse der Bergpredigt bei D. v. Oppen: Die personale Gesellschaft, GTB 39, Gütersloh 1967, 9ff.

gleichbar ist der Widerspruch zwischen der Ablehnung aller Autoritäten (Mt 23,8ff) und der Anerkennung urchristlicher »Propheten, Weiser und Schriftgelehrten« (Mt 23,34). Dieser Widerspruch läßt sich verständlich machen: Je weniger die Autoritätsstrukturen in den Ortsgemeinden institutionell geregelt waren, um so größer mußte die Sehnsucht nach den großen charismatischen Autoritäten sein. Und umgekehrt: Je größer der Vollmachtsanspruch dieser Charismatiker war, um so weniger waren sie daran interessiert, innerhalb der Gemeinden konkurrierende Autoritäten aufkommen zu lassen. Wurden die Ortsgemeinden jedoch größer, so mußten interne Leitungspositionen entstehen und in Konkurrenz zu den Wanderpredigern treten. Wahrscheinlich lassen sich die Differenzen zwischen Jakobus und Petrus so erklären: Der ungebundene Wandercharismatiker Petrus konnte den Konflikt mit jüdischen Speisetabus eher riskieren als Jakobus, der Sprecher der Jerusalemer Ortsgemeinde. Petrus aß in Antiochien zusammen mit Heidenchristen; Jakobus aber zwang ihn durch Abgesandte zur Konformität mit den jüdischen Normen (Gal 2,11ff). Ähnliches begegnet im 2. Jh.: Der Wandercharismatiker Peregrinus aß etwas Verbotenes, wurde aber von den Ortsgemeinden kritisiert und verlor seinen Einfluß bei ihnen (Lukian Peregr. 16). Daß derartige Konflikte nicht nur auf persönliche Animositäten zurückgehen, zeigt die Didache. Die von den Ortsgemeinden gewählten Episkopen und Diakone werden hier deutlich den erwählten Wandercharismatikern nachgeordnet. Es muß ausdrücklich gemahnt werden: »Übersehet sie nicht. Denn sie werden von euch zusammen mit den Propheten und Lehrern verehrt« (15,2). Propheten und Lehrer – also Wandercharismatiker – sind dagegen wie der Herr selbst aufzunehmen (11,2). Sie müssen ernährt werden (11,6; 13,1ff). Sie besitzen die Privilegien des alttestamentlichen Priestertums (13,3 vgl. 1Kor 9,13f), ja, ihnen wird sogar der Vorrang vor den Armen zugesprochen (13,4 vgl. Mk. 14,7). Diese Verpflichtung zum Unterhalt der Wandercharismatiker hat die Gemeinden aber auch kritisch gemacht: Propheten, die allzu direkt ihr Interesse an Geld und Nahrung durchblicken ließen, wurden als Pseudopropheten abgelehnt (11,9.12). Ein paar Schritte weiter – und man wird wie der Diotrephes des 3. Joh verfahren, der die Unterstützung von Wandercharismatikern überhaupt verbot. Aber das geschah in spätneutestamentlicher Zeit. In der Jesusbewegung war die Vormachtstellung der Wandercharismatiker ungebrochen.

2.2.3 *Aufnahme- und Ausschlußverfahren:* Zugehörigkeit und Nichtzugehörigkeit mußten in den Ortsgemeinden geregelt werden. Die Taufe, ursprünglich ein eschatologisches Sakrament, das vor dem zukünftigen Strafgericht schützen sollte und ein Zeichen der Umkehr war, wurde wahrscheinlich in den Ortsgemeinden zum entscheidenden Initiationsritus (Mt 28,19, Did 7). In den Anweisungen für Wandercharismatiker fehlt nämlich ein Auftrag zur Taufe (Ausnahme Mt 28,19). Paulus betont ausdrücklich, Taufen gehöre nicht zu seinen Aufgaben (1Kor 1,17). Für die Existenz der Wandercharismatiker war sie ohne Bedeutung: Wer Haus und Hof verlassen hatte, hatte sich damit eindeutig von der Umwelt abgegrenzt. Der Ruf in die Nachfolge erübrigte jeden Initiationsritus. Aber dieser Ruf war unplanbar. Die Taufe war dagegen institutionalisierbar. Auch für das Ausscheiden von »Sündern« aus der Gemeinde gab es in den Ortsgemeinden schon bald Regelungen. Drei Instanzen sind in Mt 18,15 ff vorgesehen: persönliche Verwarnung, Gespräch in Anwesenheit zweier Zeugen, Ausschluß in der Gemeindeversammlung. Vergleichbare Regeln gab es in Qumran (1 QS 5,26 f). Von einem Ausschlußverfahren für Wandercharismatiker hören wir nichts. Nach Did 11,1 unterstanden sie nur dem Gericht Gottes. Besondere Vorkehrungen waren überflüssig. Wenn sie bei ihren Gemeinden nicht mehr ankamen, verloren sie ja ihre materielle Basis (vgl. Lukian Peregr. 16).

2.3 Ein vergleichender Rückschluß: Das Nebeneinander von radikaleren und gemäßigteren Forderungen hat eine Analogie im zeitgenössischen Judentum: Bei den Essenern gab es sowohl Gruppen mit einem sehr strengen Ethos, in denen auf Besitz und Ehe verzichtet wurde (bell 2,119ff; vgl. 1QS 6,19), als auch Gruppen mit einem temperierten Ethos, in denen Ehe (bell 2,160f; CD 7,6f) und Besitz (CD 13,14; 14,13) geduldet wurden. Man darf annehmen, daß die strengere Richtung in Qumran zu Hause war, da sich das radikalere Ethos in der Abgeschiedenheit einer Wüstenoase leichter verwirklichen ließ als mitten in der Gesellschaft. Das temperierte Ethos wurde dagegen von Gruppen vertreten, die in »Lagern« (CD 7,6f) verstreut lebten (bell 2,124ff). Zwischen allen Gruppen herrschte reger Verkehr. In jeder Stadt war jemand mit der Fürsorge für vorbeikommende Genossen beauftragt, »um sie mit Kleidung und allen anderen Bedürfnissen zu versehen« (bell 2,125). Diese reisenden Essener waren zwar keine Wandercharismatiker (genau wissen wir es nicht), aber die Gastfreundschaft essenischer Gruppen ist der Gastfreundschaft christlicher Ortsgemeinden gegenüber ihren Wanderpredigern durchaus vergleichbar, ebenso das abgestufte Ethos. Aber auch Unterschiede sind unverkennbar. Und sie sind gerade soziologisch sehr wichtig. Die christlichen Ortsgemeinden waren gegenüber ihrer Umwelt offener. Sie grenzten sich weniger von anderen Juden ab als die Essener, bei denen die Aufnahme durch Besitzübertragung, Noviziat, Prüfung und Eid geregelt war (1QS 6,13ff). Jeder Eintrittswillige mußte streng geprüft werden, denn generell galten die anderen Juden als Kinder der Finsternis. Die Jesusbewegung betrachtete sie dagegen als »verlorene Schafe des Hauses Israel« (Mt 10,6) und suchte sie auf. Man kann sich an diesem Unterschied klar machen, wie wenig die Jesusbewegung aus dem Judentum hervortrat und sich von ihm trennte. Die Essener verhielten sich viel separatistischer; und dennoch gehören sie unbestreitbar ins Judentum. Um wie viel mehr gilt das für die Jesusbewegung.

2.4 Zusammenfassung: Die Untersuchung von Ortsgemeinden hat gezeigt, daß sie ganz von ihrem komplementären Verhältnis zu den Wanderchrarismatikern her zu verstehen sind. Die Radikalität der Wanderchrarismatiker war nur möglich aufgrund der materiellen Basis in den Ortsgemeinden. Bis zu einem gewissen Grade wurden sie durch sie von alltäglichen Sorgen entlastet. Die Ortsgemeinden wiederum konnten sich Kompromisse mit der Umwelt erlauben, weil sich die Wanderchrarismatiker deutlich von der Umwelt abhoben. Ein abgestuftes Ethos verband und trennte beide Sozialformen der Jesusbewegung.

3 *Die Rolle des Menschensohns*

Die Jesusbewegung hat ihre Erwartungen an das Verhalten des Offenbarers in verschiedenen christologischen Titeln zum Ausdruck gebracht. Damit waren ursprünglich verschiedene Rollenerwartungen und Rollenzuweisungen verbunden. Der Sohn-Gottes-Titel betonte die Zugehörigkeit zur göttlichen Welt und das Hereinbrechen der Transzendenz. Er begegnet daher in Geschichten, in denen der Himmel offen steht (Mk 1,9ff; 9,2ff) oder die Herkunft des Sohnes aus dem jenseitigen Bereich betont wird (Mk 12,1ff). Der Messiasbegriff ist dagegen sehr viel mehr mit dieser Welt verbunden. Mit ihm verbindet sich die Erwartung eines Königs, der Israel befreien wird. Die Jesusbewegung mußte sich hier mit konkurrierenden Erlösererwartungen auseinandersetzen, die sich auf einen mächtigen, irdischen König richteten; sie mußte die Besonderheit Jesu herausarbeiten: sein Leiden und seine Erniedrigung, die überhaupt nicht in die traditionell dem Messias zugeschriebene Rolle paßten. Der Messiastitel wurde daher vor allem mit dem Kreuz verbunden (zB. Mk 15,32). Der Menschensohntitel verband beides: Hoheits- und Niedrigkeitsaussagen, die Zugehörigkeit zur göttlichen Welt (die vor allem im Sohn-Gottes-Titel zum Ausdruck kam) und das Leiden auf Erden (das paradoxerweise gerade dem »Messias« zugeschrieben wurde). Er ist schon deshalb der wichtigste Titel. Dazu kommt ein weiterer Grund. Der Messiastitel begegnet meist im Munde anderer Menschen in den Evangelien, der Sohn-Gottes-Titel im Munde übernatürlicher Wesen: Gott und die Dämonen benutzen ihn. Der Menschensohntitel wird dagegen immer von Jesus selbst gebraucht. Der Messiastitel sieht Jesus aus einer Außenperspektive, die der Korrektur bedarf: Jesus war nicht der nationale messianische König; der Sohn-Gottes-Titel nimmt eine transzendente Perspektive ein. Der Menschensohntitel aber bringt die Innenperspektive der Jesusbewegung zum Ausdruck. Er ist besonders eng mit ihr verbunden.

3.1 Konstruktive Rückschlüsse: Anders als bei den bisher analysierten Rollen stehen uns eine Fülle von direkten Aussagen über den Menschensohn zur Verfügung. Sie lassen sich in zwei Gruppen aufgliedern: in Worte über den irdischen Menschensohn und über den zukünftigen Menschensohn. Bei den Worten über den irdischen lassen sich wiederum zwei Gruppen unterscheiden. Die erste Gruppe umfaßt Aussagen im »Aktiv«: Hier steht der Menschensohn über den Normen der Umwelt, bricht den Sabbat (Mt 12,8), hält sich nicht an Fastengebote (Mt 11,18f) und vergibt eigenmächtig die Sünden (Mt 9,6). Die zweite Gruppe umfaßt Aussagen im »Passiv«: Der Menschensohn hat unter den Reaktionen der Umwelt zu leiden, wird von den Menschen verworfen (Mk 9,31) und opfert sein Leben für viele (Mk 10,45). Die Aussagen im »Aktiv« und »Passiv« gehören zusammen; der Menschensohn ist Außenseiter im positiven wie negativen Sinn: Er steht einerseits *über* der Gesellschaft und ihren Normen, andererseits leidet er *unter* ihrer Ablehnung. Er besitzt Vollmacht und wird verworfen. Schon bald aber wird dieser Zwiespalt aufgehoben sein: Als endzeitlicher Richter wird er in einer neuen Rolle plötzlich und unerwartet erscheinen (Mk 14,62; Mt 24,27 ff), wird die Seinen sammeln (Mt 13,41; Mk 13,27), ohne daß man sicher weiß, ob man zu den Erwählten gehört (Mt 25,31ff). Der Verworfene wird dann Richter, der Ohnmächtige Herrscher, der Außenseiter überall anerkannt sein.

3.2 Analytische Rückschlüsse: Viele Aussagen über das Verhalten von Mitgliedern der Jesusbewegung zeigen eine unübersehbare Parallelität zu Aussagen über den Menschensohn. Diese Parallelität wird in den Texten selbst hervorgehoben. Es heißt: Wer der erste sein will, soll Knecht aller sein. Das Vorbild des Menschensohns begründet diese Forderung: »Denn auch der Menschensohn kam nicht, um sich dienen zu lassen, sondern um zu dienen« (Mk 10,45). Wir interpretieren daher die Texte nicht gegen ihre Intention, wenn wir im folgenden die Rolle des Menschensohns in enge Beziehung zur Rolle seiner Anhänger setzen. Was der Nachfolgegedanke als ethisches Postulat aussagt – die Entsprechung von Jesus und seinen Nachfolgern – wird in soziologischer Sicht zur Strukturhomologie[8] zwischen dem Verhalten von Wandercharismatikern und Ortsgemeinden auf der einen und dem Verhalten des Menschensohns auf der anderen Seite. So hat die Außenseiterrolle des Menschensohns sowohl hinsichtlich ihrer positiven wie negativen Seite eine Entsprechung in der Rolle der Christen. Zunächst zur positiven Außenseiterrolle: Wie der Menschensohn so standen auch seine Jünger über den Normen ihrer Umwelt. Daß der Menschensohn Herr über den Sabbat ist, bedeutet ja konkret, daß die wandernden Jünger die Sabbatgebote brechen durften wie einst der heimatlose David (Mk 2,23ff). Nicht nur der Menschensohn (Mt 11,18f), auch seine Jünger setzten sich über Fastengebote hinweg (Mk 2,18ff). Nicht nur der Menschensohn hatte himmlische Vollmacht auf Erden (Mk 2,1ff), sondern auch die Gemeinde (Mt 18,18) bzw. Petrus (Mt 16,19). Aufschlußreich ist, daß sich die meisten Parallelen auf die Rolle von Wandercharismatikern beziehen. Das gilt auch für die Aussagen im »Passiv«: Nicht nur der Menschensohn war heimat- und schutzlos (Mt 8,20), auch die Wandercharismatiker hatten alles verlassen (Mk 10,28). Nicht nur der Menschensohn wurde verfolgt (Mk 9,31), sondern

8 »Strukturhomologien« zwischen sozialer Realität und geistigen Erscheinungen werden vom »genetischen Strukturalismus« zum bevorzugten Forschungsobjekt der Literatursoziologie gemacht; vgl. L. Goldmann: Die Soziologie der Literatur, in: Literatursoziologie I, hrsg. v. J. Bark, Stuttgart 1974, 85–113.

auch seine Anhänger (Mt 10,19). Außerhalb der Synoptiker finden wir den Menschensohntitel nur in Zusammenhang mit einem status confessionis: Nach Apg 7,56 sah der gesteinigte Stephanus den Himmel offen und den Menschensohn in erhobener Stellung. Jakobus bekannte sich vor seiner Hinrichtung (Eus. h.e. II, 23,13), der geheilte Blinde nach seinem Ausschluß aus der Synagoge zum Menschensohn (Joh 9,35; vgl. Lk 6,22). Dem entspricht, daß Jesus im Verhör vor dem Synhedrium auf den zukünftigen, mit Macht erscheinenden Menschensohn hinweist (Mk 14,62). Sitz im Leben vieler Menschensohnworte ist in der Tat das »Bekenntnis vor den Menschen« (Mk 8,38). Der in ihnen erscheinende Konflikt Menschen – Menschensohn ist sozial fundiert im Konflikt vagabundierender Außenseiter mit der »menschlichen« Gesellschaft. Am spärlichsten sind verständlicherweise die Parallelen zwischen der zukünftigen Herrlichkeit des Menschensohns und seinen Anhängern. Aber auch hier finden wir Entsprechungen: Die Zwölf werden an der zukünftigen Herrlichkeit des Menschensohns partizipieren:

»Ihr, die ihr mir nachgefolgt seid, werdet in der Wiedergeburt, wenn der Sohn des Menschen auf dem Throne seiner Herrlichkeit sitzen wird, auch auf zwölf Thronen sitzen und die zwölf Stämme Israels richten« (Mt 19,28). ·

All diese Parallelen zwischen Aussagen über den Menschensohn und über urchristliche Wandercharismatiker (und Gemeindeglieder) können kein Zufall sein. Die Bilder der Menschensohn-Christologie haben offensichtlich eine bedeutende soziale Funktion gehabt. In der Gestalt des Menschensohns konnten (vor allem) urchristliche Wandercharismatiker ihre eigene soziale Situation interpretieren und bewältigen: Innerhalb kleiner Gruppen von Gläubigen galten sie als Autoritäten und setzten neue Normen und Regeln; innerhalb der Gesamtgesellschaft waren sie verachtete und verfolgte Außenseiter. Eine Lösung des Konflikts zwischen Außenseiter- und Autoritätsrolle erwartete man von der Zukunft. Dann würde die ganze Gesellschaft die Autorität der Wandercharismatiker anerkennen. Die Ambivalenz von Hoheits- und Niedrigkeitsaussagen in der Menschensohnchristologie ist strukturell homolog einem unvermeidlichen Rollenkonflikt urchristlicher Wandercharismatiker. Hin und wieder gehen die Aussagen sogar über eine Strukturhomologie hinaus. Die Wandercharismatiker identifizierten sich mit dem Schicksal des Menschensohns. Sie glaubten, was ihnen geschah, widerführe im Grunde dem Menschensohn selbst:

»Wer sich meiner schämt und meiner Worte in diesem ehebrecherischen und sündigen Geschlecht, dessen wird sich auch der Menschensohn schämen, wenn er in der Herrlichkeit des Vaters mit den heiligen Engeln kommt« (Mk 8,38).

Die ausdrückliche Hervorhebung der »Worte des Menschensohns« weist auf die Träger der Worte Jesu, auf die urchristlichen Prediger. Man kann also paraphrasieren: Wer den Menschensohn ablehnt und die Verkündiger seiner Worte ... Die Ablehnung des Menschensohns hat ebenso wie die Ablehnung von Wandercharismatikern eschatologische Konsequenzen im Endgericht: »Und wer euch nicht aufnimmt und eure Worte nicht hört ..., wahrlich, ich sage euch, dem Lande Sodom und Gomorrha wird es erträglicher im Gericht ergehen als jener Stadt« (Mt 10,14f). Es gibt sogar ein Wort, in dem sich urchristlicher Prediger über den Menschensohn stellen:

»Und wer ein Wort gegen den Menschensohn sagt, dem wird vergeben. Wer aber etwas gegen den heiligen Geist sagt, dem wird nicht vergeben.« (Mt 12,32).

Der »heilige Geist« – das sind die Wanderprediger und der aus ihnen sprechende prophetische Geist. Schon die Didache (11,7) deutet das Wort in diesem Sinne. Gemeint ist also: Wer den auf Erden wirkenden Menschensohn verkannt hat, hat durch ihre Verkündigung noch einmal die Chance, zur Wahrheit zu kommen. Diese enge Verbindung von Menschensohn und Wandercharismatikern wirft die Frage auf, ob der Menschensohn »nur« das externalisierte, verhaltenssteuernde »Über-Ich« der Wandercharismatiker war, ob sie ihr Leben heteronom gestalteten als »Abbild« der Rolle des Menschensohns, wo sie doch in Wirklichkeit das Bild des Menschensohns nach ihrer Rolle formten. Das große Gleichnis vom Menschensohn kann Hinweise für eine Antwort geben. Es zeigt, daß die Autorität des Menschensohns keine äußere sein will. Die vom Menschensohn erwarteten Verhaltensweisen werden unabhängig vom Glauben an den Menschensohn oder gar einer Identifikation mit ihm erwartet. Denn im Endgericht wird der Menschensohn alle Menschen richten und sagen:

»Ich war hungrig, und ihr habt mir Speise gegeben. Ich war durstig, und ihr habt mich getränkt. Fremd war ich, und ihr habt mich beherbergt. Ich war nackt, und ihr habt mich bekleidet. Ich war krank, und ihr habt mich besucht. Ich war im Gefängnis, und ihr seid zu mir gekommen.« (Mt 25,35 f).

Die Gefragten aber würden erstaunt antworten: Wo haben wir dir geholfen? Und sie würden die Antwort erhalten: »Was ihr einem meiner geringsten Brüder getan habt, das habt ihr mir getan« (Mt 25,40). Erwartet wird also gerade das selbständige Handeln. Zur Rollenerwartung des Menschensohns an seine Nachfolger gehört ein Stück »Ich-Autonomie«.

3.3 Vergleichende Rückschlüsse: Die Menschensohnvorstellung ist auch außerhalb des Urchristentums für Palästina bezeugt. Sie begegnet zum ersten Mal in Dan 7, wo mit ihr ein Dualismus zwischen den ablaufenden Weltreichen (symbolisiert durch Tiere) und dem zukünftigen Reich Israels (symbolisiert durch den Menschensohn) verbunden ist. Auch hier lassen sich Strukturhomologien zwischen Vorstellung und sozialer Realität vermuten. So wird die Herrschaft des Menschensohns in Dan 7,15ff auf die Herrschaft der Israeliten (der »Heiligen«) gedeutet. Es kann kein Zweifel daran sein, daß die Trägergruppen des Danielbuches selbst nach der Herrschaft strebten. Ferner läßt sich die Transformation des monistisch-immanenten alttestamentlichen Denkens in einen schroffen Dualismus zeitlich aufeinander folgender Äonen am ehesten in Gruppen denken, deren Verhältnis zu Gesamtisrael ein »gelebter Dualismus« war, also in exklusiven Konventikeln, die sich von ihrer Umwelt scharf abhoben[9]. In ihnen wurden die herrschenden Reiche als tierisch abgelehnt und das wahre Reich des »Menschen« herbeigesehnt. Es sollte bald kommen. Doch die Erwartung trog. Das wahre Reich blieb verborgen. Entsprechend wird in den später entstandenen Bilderreden des ÄthHen die Verborgenheit des präexistenten Menschensohns betont: Wenn die Trägergruppe der apokalyptischen Hoffnung verborgen blieb, so mußte auch ihre transzendente Bezugsgestalt verborgen bleiben. Das wurde in der Jesusbewegung anders. Der Menschensohn war ja schon erschienen. Das Reich des »Menschen« hatte schon begonnen. Spekulationen über einen im Himmel verborgenen präexistenten Menschensohn erübrigten sich damit. Es ist gewiß kein Zufall, daß sich die nachweisbaren Strukturhomologien meist auf den irdischen Menschensohn beziehen. Sein Erscheinen auf Erden war die entscheidende neue Erfahrung.

3.4 Zusammenfassung: Alle drei Rückschlußverfahren tragen somit Indizien für die Vermutung zusammen, daß der Menschensohn die zentrale Bezugsgestalt der Jesusbewegung war. Seine

9 So die These O. Plögers in: Theokratie und Eschatologie, WMANT 2, Neukirchen 1959.

Situation entsprach ihrer Situation. Glauben und Praxis bildeten hier eine unauflösliche Einheit[10]. Diese Einheit wurde bewußt intendiert. Der Nachfolgegedanke zielte auf sie. Bemerkenswert ist, daß zur Erwartung des Menschensohns an seine Anhänger auch die Selbständigkeit ihm gegenüber gehörte. Soziologische Analyse kann mit all dem zwar nicht die Frage beantworten, wer der Menschensohn ist. Aber sie kann deutlich machen, welch große Bedeutung der Glaube an ihn für das soziale Leben urchristlicher Gruppen hatte.

10 Auch für soziologische Untersuchungen gilt die von A. Schlatter: Neutestamentliche Theologie I, Calw/Stuttgart 1909, 10, postulierte Einheit von Denk- und Lebensakt.

II FAKTORENANALYSE: EINWIRKUNGEN DER GESELLSCHAFT AUF DIE JESUSBEWEGUNG

Eine religionssoziologische Faktorenanalyse des frühen Urchristentums untersucht Wechselwirkungen zwischen der jüdisch-palästinischen Gesamtgesellschaft und der Jesusbewegung. Dabei werden vier Faktoren unterschieden: sozioökonomische, -ökologische, -politische und -kulturelle. Die Organisation der Arbeit und die Verteilung ihrer Erzeugnisse zwischen produzierenden und profitierenden Schichten bilden die sozioökonomischen Faktoren, Ergebnisse der Auseinandersetzung des Menschen mit der Natur, wie sie sich im Verhältnis von Stadt und Land und in der Verkehrsstruktur eines Landes zeigen, die sozioökologischen Faktoren. Soziopolitische Faktoren umfassen alle Herrschaftsstrukturen Palästinas, dh. die Chance verschiedener Gruppen und Institutionen, ihren Willen zum allgemeinen Gesetz zu erheben, Legitimität zu beanspruchen und Widerstand mit Gewalt zu brechen. Soziokulturelle Faktoren umfassen alle Werte, Normen und Traditionen, die einer Gruppe Selbstachtung und Identität verleihen. Dabei wird unter »Identität« verstanden, daß ein positives Selbstbild der Gruppe von einem ausreichenden Konsens getragen wird und das Verhältnis zum Selbst- und Fremdbild anderer Gruppen ausgeglichen ist. Terminologisch wird durch die jeweilige Voraussetzung des Wörtchens »sozio-« betont, daß die untersuchten Faktoren nicht unmittelbar auf das Verhalten von Menschen einwirken, sondern ihre Einwirkungen durch die »Totalität« aller sozialen Zusammenhänge vermittelt werden. Die Isolierung verschiedener Aspekte ist künstlich, aber gerechtfertigt. Denn wir können die »Totalität« aller gesellschaftlichen Zusammenhänge nicht unmittelbar erfassen, es sei denn, wir verwechselten Teilzusammenhänge mit dem Ganzen.

Die einzelnen Abschnitte der Faktorenanalyse haben aufgrund methodologischer Erwägungen denselben Aufbau. Zunächst wird ein Phänomen der Jesusbewegung beschrieben, von dem angenommen wird, daß es mit den jeweils angesprochenen Faktoren in Zusammenhang steht, was nicht heißt, daß es ausschließlich durch diese Faktoren bedingt ist oder daß diese Faktoren nur für das untersuchte Phänomen von Bedeutung wären. Vorausgesetzt wird nur, daß sich am Beispiel des jeweils ausgesuchten Phänomens die Bedeutung der ökonomischen, ökologischen, politischen oder kulturellen Faktoren besonders gut zeigen läßt. In einem zweiten Schritt werden dann Analogien zu dem untersuchten Phänomen aus dem zeitgenössischen Judentum zusammengetragen. Dabei liegt die methodologische Prämisse zugrunde, ein Phänomen sei um so eher gesamtgesellschaftlich bedingt, je mehr es gesamtgesellschaftlich verbreitet ist. Es dürfte damit sichergestellt sein, daß man nach gesellschaftlichen Ursachen fragen kann; welche dies sind, bleibt offen. Die Analogien geben oft erste Hinweise, da die soziale Bedingtheit eines Phänomens bei zeitgenössischen Analogien oft deutlicher hervortritt als in der Jesusbewegung. In einem dritten Schritt werden »Intentionen« untersucht, dh. bewußte Stellungnahmen in den Texten zu den vermuteten sozialen Bedingungszusammenhängen. Dabei liegt die methodologische Prämisse zugrunde, daß es zwischen sozialer Wirklichkeit und geistigen Erscheinungen kaum Zusammenhänge gibt, die den Beteiligten nicht andeutungsweise bewußt waren, mögen sie ihrem Bewußtsein auch in ganz anderer Weise präsent gewesen sein als unserem; unbewußte Zusammenhänge sollen damit nicht ausgeschlossen werden. Erst nach diesen drei Schritten werden die vermuteten Ursachen direkt analysiert. Durch diese Gliederung in vier Untersuchungsschritte soll deutlich gemacht werden, daß die jeweiligen Phänomene der Jesusbewegung nicht direkt mit ihren sozialen Ursachen in Verbindung gebracht werden, sondern immer nur mittelbar über zeitgenössische Analogien und das intentionale Bewußtsein der Beteiligten. Sofern über Analogien auf soziale Ursachen zurückgeschlossen wird, beschränkt sich die soziologische Analyse auf Typisches, Wiederkehrendes und Analoges. Erklärt werden jene Züge, die die Jesusbewegung mit Erscheinungen der Umwelt gemein haben, nicht aber das Individuelle und Unverwechselbare der Jesusbewegung. Sofern wir die Intentionen der Beteiligten in Rechnung stellen, unterstellen wir, daß der Zusammenhang zwischen sozialer Realität und geistigen Erscheinungen nicht nur als ursächlicher Bedingungszusammenhang, sondern auch als Verhältnis von Situation und Antwort zu deuten ist.

4 Sozioökonomische Faktoren

4.1 Das Phänomen: Sozioökonomische Faktoren bedingen das markanteste Phänomen der Jesusbewegung: die soziale Entwurzelung der Wandercharismatiker. Unter »sozialer Entwurzelung«

wird dabei das Verlassen des angestammten Wohnsitzes bei mehr oder weniger starkem Bruch mit vertrauten Normen verstanden[11]. Das Phänomen selbst ist in den Evangelien klar bezeugt. Petrus sagt für alle Jünger: »Siehe, wir haben alles verlassen und sind dir nachgefolgt« (Mk 10,28). Dabei dürfen wir nicht nur an den Kreis der zwölf Jünger denken. Neben ihm stand der Siebenerkreis in Jerusalem (Apg 6,5f) und der Fünferkreis in Antiochien (Apg 13,1f). Lk berichtet ferner von der Aussendung von 70 Wandercharismatikern, die sich nach denselben Normen zu richten hatten wie die zwölf Apostel (Lk 10,1ff; 9,1ff). Apostel sind ja nicht nur die Zwölf, sondern auch Paulus und Barnabas (Apg 14,4.14), Andronikus und Junias (Röm 16,7), jeder Missionar, der sich auf seinen Wanderungen an die »Lehre des Evangeliums« hält (Did 11,3f). Die Eingrenzung des Titels auf die Zwölf stellt schon eine polemische Abgrenzung gegen allzu viel umhervagabundierende »Apostel« dar (Lk 21,8; Apk 2,2). Auf den Aposteltitel kommt es jedoch nicht an. Wandercharismatiker konnten sich auch »Jünger des Herrn« nennen. Nach Papias waren sie und ihre »Nachfolger« (!) Träger der Jesusüberlieferungen (Fragm. II, 4). Die Evangelien beziehen den Begriff in Mt 8,21 und 10,42 eindeutig auf Wandercharismatiker. Weitere Titel sind »Propheten« (Mt 5,12; 10,41; Did 11,3ff), »Gerechte« (Mt 10,41) und »Lehrer« (Apg 13,1; Did 13,2). Die Variation der Bezeichnungen weist auf die große Verbreitung des hinter ihm stehenden Typus von Sozialverhalten. Die ökonomische Bedingtheit dieses Sozialverhaltens wird in den Texten nicht ganz verschwiegen: Der Ruf in die Nachfolge gilt den »Mühseligen und Beladenen« (Mt 11,28), dem Bettler Bartimäus (Mk 10,52), dem beruflich frustrierten Petrus (Lk 5,1ff), den Zebedaiden, deren Vater nach dem Nazaräerevangelium ein »armer Fischer« war (Fragm. 10), wie denn überhaupt die Fischer von Tiberias zu jenen »Schiffsleuten und Besitzlosen« gehörten, die am Anfang des Jüdischen Krieges einen Aufstand machten (Jos. vita 66). Zur Nachfolge war auch der geheilte Besessene von Gadara bereit. Er wurde Wanderprediger im Gebiet der Dekapolis (Mk 5,18ff). Die Begüterten dagegen, der reiche Jüngling und der Oberzöllner Zacchäus, sympathisierten zwar mit Jesus, vor dem Schritt in die radikale Nachfolge aber schreckten sie – anders als der kleine Zöllner Levi (Mk 2,13ff) – zurück (Mk 10,22;

11 Die folgenden Gedanken habe ich ausführlich dargestellt in: »Wir haben alles verlassen« (Mk 10,28). Nachfolge und soziale Entwurzelung in der jüdisch-palästinischen Gesellschaft des 1. Jahrhunderts n. Chr., NovTest (1977).

Lk 19,1 ff). Was wir über die Familie Jesu wissen, weist auf »kleine Leute«, die als Kleinbauern in dürftigen Verhältnissen lebten (Hegesipp in Eus. h.e. III 20,2 ff). Soziale Entwurzelung könnte also mit sozioökonomischem Druck zusammenhängen. Ein Blick auf analoge Erscheinungen in der Umwelt kann diese Vermutung erhärten.

4.2 Analogien: Phänomene sozialer Entwurzelung gab es sowohl in den innerjüdischen Erneuerungsbewegungen (Qumrangemeinde, Widerstandskämpfer, prophetische Bewegungen) als auch in allgemein verbreiteten Desintegrationserscheinungen (Emigranten und Neusiedler, Räuber und Bettler). Bei Emigranten und Essenern dominierten evasive Verhaltensweisen: Beide Gruppen verließen ihren Wohnort, um anderswo zu siedeln. Bei Räubern und Widerstandskämpfern dominierten aggressive Verhaltensweisen, bei Bettlern und prophetischen Bewegungen subsiditive Verhaltenstendenzen: Beide hofften auf fremde Hilfe, die Bettler auf menschliche Almosen, die Prophetenanhänger auf göttliches Eingreifen. Wir können daher idealtypisch sechs Phänomene sozialer Entwurzelung unterscheiden:

	evasiv	aggressiv	subsiditiv
Desintegrations-erscheinungen	Emigranten Neusiedler	Räuber	Bettler Vagabunden
Erneuerungs-bewegungen	Qumran-gemeinde	Widerstands-kämpfer	Prophetische Bewegungen

4.2.1 *Evasives Verhalten:* Die Größe der Diaspora zeigt, wie groß die Emigration gewesen sein muß. Als Söldner, Sklaven, Flüchtlinge oder mittellose Menschen auf der Suche nach einer neuen Existenzbasis wurden Juden ins Ausland verschlagen. Claudius mußte 41 n. Ch. den Zuzug von Juden nach Alexandrien verbieten (CPJ 153,96 f). Es müssen viele bereit gewesen sein, ihre angestammte Heimat zu verlassen. Nur so konnten die Herodäer ihre zahlreichen Städteneugründungen durchführen und Neuland erschließen (Cäsarea, Sebaste, Sepphoris, Cäsarea Philippi, Phasaelis, Bathyra und Umgebung, Archelais, Antipatris, Tiberias). Bei der 19/20 n. Ch. gegründeten Stadt Tiberias griff Antipas auf »mittellose Leute, die von überall her zusammengebracht worden waren« (ant 18,37) zurück. Es gab also in Galiläa kurz vor Jesu

Wirken besitzlose, möglicherweise sogar heimatlose Menschen. Aus solchen Menschen wird sich auch die Qumrangemeinde am Toten Meer zu einem Teil rekrutiert haben. Nach dem Bericht des Plinius (d. Ä.) kamen zu ihr Tag für Tag »lebensmüde Menschen, die das Schicksal ihren Sitten auf Wellen zutrieb« (nat. hist. V, 15). Nach Josephus fanden sich dort Besitzende und Besitzlose zusammen (ant 18,20). Das Bedürfnis nach dieser religiös motivierten Form von »Emigration« muß um die Zeitenwende intensiv gewesen sein. Während der Regierungszeit des Archelaos (4 v. Ch. bis 6 n. Ch.) wurde nämlich die durch Erdbeben 31 v. Ch. zerstörte Siedlung am Toten Meer wieder aufgebaut.

4.2.2 *Aggressives Verhalten:* Mit Räubern rechnen die Evangelien (Lk 10,30 ff) ebenso wie die Essener, die sich mit Waffen vor ihnen zu schützen suchten (bell 2,125). Agrippa I. oder II. rühmte sich ihrer Bekämpfung (OGIS 424). Viele dieser sogenannten »Räuber« waren in Wirklichkeit Widerstandskämpfer. Ihre Tätigkeit läßt sich von der Zeit der Machtübernahme durch Herodes bis zum Jüdischen Krieg nachweisen. Sie rekrutierten sich aus Bauern, die ihre Steuern nicht mehr zahlen konnten (ant 18,274), aus Verschuldeten (bell 2,426 ff) und Verarmten (bell 4,241). Wenn ihre Tätigkeit unter Cumanus (48–52 n. Ch.) besonders stark hervortritt und sich bis zum Jüdischen Aufstand steigert, so wird dies mit der großen Hungersnot 46/48 n. Ch. und ihren verheerenden Folgen für viele kleine Leute zusammenhängen[12].

4.2.3 *Subsiditives Verhalten:* Bettelei wird im NT (Mk 10,46 ff; Lk 14,16 ff u. ö.) und im Talmud (Pea VIII, 7–9) bezeugt. Die meisten Kranken und Besessenen werden vom Betteln gelebt haben. Wenn es damals eine richtige Welle von Besessenheit gegeben hat, so dürfte das mit der Krise der jüdisch-palästinischen Gesellschaft zusammenhängen; die ökonomische Bedingtheit von Bettelei (vgl. Lk 16,3) liegt auf der Hand. Sie ist auch für gehobenere Formen subsiditiven Verhaltens anzunehmen: Die Anhänger der im 1. Jh. zahlreich auftretenden Propheten, die eine Wiederholung der großen Wunder des Alten Bundes verhießen und ihre Anhänger in die Wüste führten, waren »einfaches Volk« (ant 20,169) und »mittellose Menschen« (bell 7,438). Wer durch Besitz an die be-

12 Zu Räubern und Widerstandskämpfern vgl. das grundlegende Werk von M. Hengel: Die Zeloten. Untersuchungen zur jüdischen Freiheitsbewegung in der Zeit von Herodes I. bis 70 n. Chr., Leiden/Köln ²1976.

stehenden Verhältnisse gebunden war, hatte wenig Grund zu derartig exzentrischen Unternehmungen.

4.2.4 *Zusammenfassung:* Es gab zur Zeit Jesu viele sozial entwurzelte Menschen in Palästina. Viele lebten in latenter Bereitschaft, ihren angestammten Wohnort zu verlassen. Auch die Jünger Jesu gehörten zu ihnen. Aber sie stellten nur eine Variante möglichen Verhaltens dar. Wer mit den Verhältnissen unzufrieden war, konnte Krimineller oder Heiliger, Bettler oder Prophet, Besessener oder Exorzist werden. Er konnte sich für eine neue Identität des Judentums einsetzen oder seine Identität völlig verlieren und zum hilflosen Opfer von »Dämonen« werden. Eine soziologische Erklärung kann nicht begründen, warum die einen diese, die anderen jene Lebensform sozialer Entwurzelung »wählten«. Aber sie kann den Sog zur sozialen Entwurzelung verständlich machen, indem sie auf die Krise der jüdisch-palästinischen Gesellschaft hinweist. Dabei ist zu bedenken: Soziale Entwurzelung gibt es überall. Nur absoluter Zwang könnte sie verhindern. Ihr Anstieg im damaligen Palästina kann jedoch kaum als normal betrachtet werden. Da sie gesamtgesellschaftliche Verbreitung fand, wird sie auch gesamtgesellschaftliche Ursachen haben.

4.3 Intentionen: Ein nicht zu übersehender Hinweis auf die sozioökonomische Bedingtheit sozialer Entwurzelung ist die Tatsache, daß bei allen innerjüdischen Erneuerungsbewegungen, die sich aus sozial Entwurzelten rekrutierten, gesellschaftskritische Intentionen vorhanden sind: Reichtum und Besitz wurden in verschiedener Weise kritisiert. Bei Essenern und Widerstandskämpfern läßt sich dabei ein Programm feststellen, die Jesusbewegung ist durch eine gewisse »Ungrundsätzlichkeit« charakterisiert[13].

4.3.1 Die innere Ordnung der *Qumrangemeinde* stellte einen dezidierten Gegenentwurf zu einer Gesellschaft dar, in der die Reichen im Verteilungskampf von vornherein überlegen sind: »Den Reichtum verachten sie, und bewundernswert ist bei ihnen die Gütergemeinschaft, so daß man niemand unter ihnen findet, der mehr besäße als die anderen. Es besteht nämlich die Vorschrift, daß jeder, der der Sekte beitreten will, sein Vermögen der Gesamtheit abtreten muß« (bell 2,122). Die lebenswichtigen Güter

---

13 Zur »Ungrundsätzlichkeit« vgl. H. Braun: Spätjüdisch-häretischer und frühchristlicher Radikalismus, BHTh 24, Tübingen 1957, 7 ff.

wurden in einer Produktionsgemeinschaft hergestellt, die von der übrigen Welt abgesondert war. Sie war von der Außenwelt relativ unabhängig – so durften ihre Mitglieder von Außenstehenden ohne Geld kein Essen annehmen; Bettelei war also streng verpönt; dafür aber war jedes einzelne Mitglied von der Gemeinschaft total abhängig. Diese Abhängigkeit wiederum war Basis einer asketischen Disziplin. Verstöße gegen die Normen der Gemeinschaft wurden mit materiellen Sanktionen geahndet: Für Einschlafen während der gemeinsamen Beratungen gab es zB. 10 Tage Ausschluß, für unerlaubtes Entfernen und Spucken 30 Tage, für Nacktheit 6 Monate, für falsche Angaben über den eigenen Besitz ein Jahr. Außerdem wurde die Essensration (wohl lebenslänglich) um $1/4$ gekürzt (1 QS 6,24–7,25). Der Ausschluß bedeutete Existenzgefährdung. Da man von Fremden kein Essen annehmen durfte, mußte man sich mühsam von Kräutern ernähren. Viele verhungerten dabei (bell 2,143). Angesichts solch drastischer Strafen gehorchte man. Es zeigte sich hier eine Problematik vieler kommunitärer Versuche: Der Preis für die konsequente Durchsetzung der gemeinsamen Normen war die totale Abhängigkeit von der Produktionsgemeinschaft. Etwas anders lagen die Verhältnisse bei den im Land verstreut lebenden Essenern. Sie mußten den Lohn von zwei Tagen im Monat an die Gemeinschaft zur Unterstützung sozial Schwacher entrichten (CD 14,12ff).

4.3.2 Die *Widerstandskämpfer* zogen sich nicht evasiv aus der Gesellschaft zurück, sondern strebten eine revolutionäre Umverteilung der Güter in der Gesellschaft an. Daher vernichteten sie nach ihrem Eindringen in Jerusalem die Schuldarchive (bell 2,427) und bekämpften die Reichen »angeblich zum Schutze der Freiheit, in Wirklichkeit aber nur, um Beute zu machen« (ant 18,7). Ein Opfer ihres Terrors unter den Reichen war Sacharja, der Sohn des Baruch (bell 4,335). Der Mord an ihm wird in der synoptischen Tradition scharf verurteilt (Mt 23,35). Er gilt als die letzte jener Übeltaten, die mit dem Mord an Kain begann; nach ihr sollte nur noch das Endgericht kommen.

4.3.4 Die Stellung der *Jesusbewegung* zu Besitz und Reichtum war ambivalent: Einerseits kritisierte man den Reichtum (zB. Mk 10,25; Lk 6,24f u. ö.), andererseits profitierte man von ihm. Man ließ sich von der wohlhabenden Frau eines herodäischen Verwaltungsbeamten unterstützen (Lk 8,3), von Joseph von Arimathia (Mk 15,43), von einer reichen Sünderin (Lk 7,36ff) sowie von dem

Oberzöllner Zachäus (Lk 19,1 ff). »Machet euch Freunde mit dem ungerechten Mammon!« (Lk 16,9) lautete die Devise. Man kann in dieser Ambivalenz ein Zeichen für die »Ungrundsätzlichkeit« Jesu sehen (H. Braun): Der Verzicht auf den Reichtum sei keine conditio sine qua non für das Heil, könne aber im konkreten Fall geboten sein. Man kann sie aber auch auf die soziale Situation der Jesusbewegung zurückführen: Besitzlose Wandercharismatiker konnten glaubhaft den Reichtum verurteilen; als charismatische Bettler waren sie aber darauf angewiesen, daß von den Produkten des Landes auch etwas für sie abfiel. Beides ergänzt sich gut. Die Spendefreudigkeit mancher Reichen konnte dadurch gefördert werden, daß man sie wegen ihres Reichtums moralisch verunsicherte. Es handelte sich ja ohnehin um die »häßlichen Reichen«, um Zöllner, Prostituierte, Außenseiter, deren Reichtum problematisch war. Natürlich kam deren Spendefreudigkeit auch den Armen zugute. Die Wandercharismatiker setzten jedoch eindeutige Prioritäten: Denn »die Armen habt ihr immer bei euch, und wenn ihr wollt könnt ihr ihnen Gutes tun. Mich aber habt ihr nicht immer« (Mk 14,7 vgl. Did 13,4).

4.3.5 *Zusammenfassung:* Innerhalb der religiösen Erneuerungsbewegungen finden wir drei verschiedene Antworten auf das Problem der Existenzerhaltung: eine überdisziplinierte Produktionsgemeinschaft, ein sozialrevolutionäres Umsturzprogramm, ein von Almosen lebendes Wandercharismatikertum. Arbeitsdisziplin, Räuberei und Bettelei wurden jeweils auf eine höhere Ebene gehoben und mit religiösen Motiven durchsetzt. Die Kritik des Reichtums in allen drei Bewegungen weist darauf hin, daß ihre Entstehung durch sozioökonomische Spannungen mitbedingt ist.

4.4 Ursachen: Zunächst sei auf ein Mißverständnis »ökonomischer Erklärungen« hingewiesen. Häufig begegnet man der etwas naiven Vorstellung, ökonomischer Druck führe vorwiegend in den untersten Schichten zu Verhaltensänderungen und Protest. In Wirklichkeit werden Menschen vor allem dann aktiviert, wenn Verschlechterung ihrer Lage droht oder Verbesserungen in Sicht sind: Erst wer Maßstäbe eines besseren Lebens kennt oder antizipieren kann, reagiert sensibel auf Armut und Elend. Aktivierende Wirkung haben somit alle Aufstiegs- und Abstiegstendenzen, und die können in allen Schichten auftreten. So finden wir in vielen Protestbewegungen – oft in führenden Stellungen – Oberschichtangehörige, in der Mehrzahl Angehörige einer in ihrer Stellung erschütterten Oberschicht. Die Qumrangemeinde wurde zB. von entmachteten priesterlichen Aristokraten geformt. Die Führer der Widerstandsbewegung von Hiskia bis zu Johannes von Gischala hatten oft ein erstaunlich gutes (vielleicht verwandtschaftliches) Verhältnis zur Jerusalemer Oberschicht: Der Rebellenführer Johannes war zwar anfangs arm (bell 2,585), entstammte aber uU. einer ehemals wohlhabenden Familie[14]. Der in Apg 13,1 erwähnte antiochenische Gemeindeführer Menahem gehörte als Vertrauter des Fürsten Antipas zur Oberschicht und könnte durch dessen Sturz und Verbannung in Mitleidenschaft gezogen worden sein. Mögen die Armen somit die Basis sozialer Unruhe sein (und auch das stimmt nicht immer), so sind die verarmten Reichen oder die in ihrem Status verunsicherten Gruppen oft ihr Motor. Wir werden daher weniger auf das absolute Ausmaß ökonomischen Drucks als auf seine Zunahme für bestimmte Schichten zu achten haben, weniger auf etablierte Schichtgrenzen als auf Aufstiegs- und Abstiegstendenzen, weniger auf statische Strukturen als auf Veränderungen. Ursachen dieser sozioökonomischen Veränderungen waren: natürliche Katastrophen, Überbevölkerung, Besitz-konzentration und konkurrierende Steuersysteme[15]. Für einen großen Teil der Bevölkerung bedeuteten diese Veränderungen eine Zunahme sozioökonomischen Drucks.

4.4.1. Die meisten von Josephus bezeugten *Hungersnöte* fallen in das 1. Jh. v. Ch.: eine Dürre (65), ein Orkan (64), ein Erdbeben (31), Seuchen (29), eine Hungersnot (25). Jedoch nennt Mk 13,8 Erdbeben und Hungersnöte als Zeichen der Gegenwart. Und für ca. 46/47 n. Ch. ist die große Hungersnot unter Claudius bezeugt (ant 20,51ff; Apg 11,28), wie es überhaupt zu seiner Zeit zu Versorgungsschwierigkeiten im Reich gekommen ist. Die natürlichen Katastrophen des 1. Jh. n. Ch. dürften schlimmere Folgen als die des vorhergehenden Jahrhunderts gehabt haben. Herodes hatte durch Verkauf seines privaten Besitzes und Steuernachlässe die Folgen von Katastrophen gemildert (ant 15,299ff.365). Von ver-

14 So G. Baumbach: Zeloten und Sikarier, ThLZ 90 (1965), 727–740, Sp. 731.
15 Zur ökonomischen Situation Palästinas im 1. Jh. n. Ch. vgl. vor allem J. Klausner: Jesus von Nazareth, Berlin 1930, 231 ff; F. C. Grant (s. Anm. 1); J. Jeremias (s. Anm. 1); F. M. Heichelheim: Roman Syria, in T. Frank (ed.), An economic survey of Ancient Rome IV, Baltimore 1938, 121–257; H. Kreissig: Die sozialen Zusammenhänge des jüdischen Krieges, Berlin 1970.

gleichbaren staatlichen Hilfsaktionen aus der Zeit direkter römischer Verwaltung (seit 6 n. Ch.) hören wir nichts, nur von privaten Initiativen (Apg 11,28; ant 20,51ff). Das hatte verhängnisvolle Folgen, wie das Anwachsen von Räuberei und Widerstand in den folgenden Jahren zeigt.

4.4.2 Wir müssen ferner mit der Möglichkeit einer gewissen *Überbevölkerung* Palästinas rechnen. Aristeas (§ 113) hob die dichte Besiedlung Palästinas, Josephus die Bevölkerungsdichte Galiläas hervor (bell 3,43; vita 45). Gewiß war Galiläa dichter besiedelt als die von Philippus regierten Nachbargebiete im Norden und Osten. Philippus hatte nämlich nur 100 Talente, Antipas dagegen 200 Talente Einkommen (ant 17,318ff). Aber das sagt nicht viel. Mehr Gewicht hat das Ergebnis von Bodenuntersuchungen, nach denen in Galiläa 97 % des Landes damals kultiviert waren[16]. Unter Herodes scheint es außerdem einen Bedarf an neuer Siedlungsfläche gegeben zu haben: Er siedelte Juden in Gebieten außerhalb der jüdischen Stammlande an (ant 17,23ff; bell 3,36) und kultivierte mit Bewässerungsanlagen neues Land im Jordantal (ant 16,145).

4.4.3 Eine fortschreitende *Besitzkonzentration* hat den Verteilungskampf im 1. Jh. n. Ch. wahrscheinlich verschärft. Herodes hatte durch Konfiskation sehr viel Land in seine Hand gebracht (ant 17,307). Dieser Besitz wurde später von den Römern verkauft (ant 17,355; 18,2). Als Käufer kamen nur kapitalkräftige Leute in Frage. Die Reichen wurden noch reicher. Ihre Güter konnten für den Export produzieren. Der Balsamexport lag seit jeher in den Händen der Herrschenden (Diodor II 48,9; bell 1,361; ant 15,96). Herodäische Fürsten belieferten die benachbarten hellenistischen Städte mit Getreide (Apg 12,20ff; vita 119). Öl wurde gewinnbringend nach Syrien ausgeführt (bell 2,591). Die Großen des Landes besaßen ohnehin die fruchtbarsten Gebiete. Aus Gütern um Jamnia und Phasaelis, die später der römische Staat erbte, bezog Salome, die Schwester des Herodes, allein 60 Talente im Jahr (ant 17,321). Peräa und Galiläa zusammen erbrachten dagegen »nur« 200 Talente (ant 17,318ff). Der Export, auf dem die Einkünfte der ganz Großen basierte, blühte auf. Nur so ist das schnelle Wachsen der Hafenstadt Cäsarea seit ihrer Gründung 10 v. Ch. ver-

16 B. Colomb/Y. Kedar: Ancient Agriculture in the Galilee Mountains, IEJ 21 (1971), 136—140.

ständlich. Der augusteische Frieden war dem Handel günstig. Es ist daher kein Zufall, wenn im Gleichnis von den Talenten der kapitalkräftige Geldverleiher – er trägt Züge des Archelaos – über gute Auslandsbeziehungen verfügt. Das große Geschäft konnte nun einmal nur durch Exporte gemacht werden. Der pessimistischen Sentenz am Schlusse des Gleichnisses muß nichts hinzugefügt werden: »Wer hat, dem wird gegeben, und wer nicht hat, dem wird auch das genommen werden, was er hat« (Lk 19,26).

4.4.4 Sozioökonomischer Druck ist vor allem das Ergebnis eines *Verteilungskampfes* zwischen profitierenden und produzierenden Schichten. Dabei stehen sich aber nicht geschlossene Klassen gegenüber. Vielmehr geht der Verteilungskampf unter den profitierenden Gruppen weiter. Römische und einheimische Machteliten konkurrierten um ihren Anteil an der Ausnutzung des Landes. In ihrer Konkurrenz liegt möglicherweise der entscheidende Grund für die explosive Lage in Palästina. Die Bedeutung der staatlichen Steuern wird erhellt aus den Ereignissen bei Caligulas törichtem Versuch, sein Standbild im Jerusalemer Tempel aufzustellen (39/40 n. Ch.): Angesichts lang anhaltender Protestdemonstrationen fürchtete man damals, daß »die Unterlassung des Landbaus Räuberei zur notwendigen Folge habe, weil sie (dh. die an der Demonstration teilnehmenden Bauern) die Steuern nicht würden bezahlen können« (ant 18,274). Es waren demnach oft Steuerschulden, die zum Verlassen der Heimat trieben. Wehrlos fühlte man sich den Gläubigern ausgeliefert (Mt 5,25f). Schulderlaß konnte zum Sinnbild göttlicher Gnade werden (Mt 18,23ff). Und das Lob des ungerechten Verwalters, der den Schuldnern seines Herrn eigenmächtig die Schulden nachläßt, ist nur verständlich, wenn Schuldenerlaß von vornherein als etwas Positives gewertet wird (Lk 16,1ff). Zuflucht konnten die Verschuldeten bei den Widerstandskämpfern finden. Zu deren Programm gehörte die Befreiung von Verschuldung, wie die Zerstörung des Schuldarchivs in Jerusalem zeigt (bell 2,427). Steuerzahlungen lehnten sie prinzipiell ab, wenn sie nicht Jahwe zukamen. Sie erklärten es für »schmachvoll, wenn sie weiterhin Steuern an die Römer entrichteten und außer Gott auch sterbliche Menschen als Herrn anerkannten« (bell 2,118). Das war gewiß eine radikale Konsequenz aus dem ersten Gebot; nur eine Minderheit dachte so. Daß aber allgemein die Steuern als drückend empfunden wurden, geht aus zahlreichen Klagen hervor: Nach dem Tode des Herodes verlangte man von seinem Nachfolger die Abschaffung bestimmter

Steuern (ant 17,205). Man klagte vor Augustus über zu hohe Kopf-steuern (ant 17,308). Tiberius bat man gemeinsam mit den Syrern um Verminderung der Steuern (Tac. ann. II, 42). Dazu hatten die Juden allen Grund. Denn Augustus hatte zwar in Samarien ein Viertel der Steuern erlassen, nicht aber in den jüdischen Stammprovinzen, da es hier nach dem Tode des Herodes zu Aufständen gekommen war (ant 17,319). Die Höhe der Steuerlast mußte als Strafe empfunden werden. Kein Wunder, daß sich damals als Protest gegen die Steuerzahlungen die Widerstandsbewegung formierte (ant 18,4). Steuerverweigerung ist dann auch der entscheidende Anlaß zum jüdischen Aufstand gewesen (bell 5,405; 2,405). Wie drückend die Steuern waren, zeigen Steuernachlässe unter Herodes (ant 15,365; 16,64), Vitellius (ant 18,90) und Agrippa I. (ant 19,299). Sie dienten dem Zweck, soziale und politische Spannungen zu entschärfen. Wahrscheinlich hat sich auch hier die Situation für die Bevölkerung im 1. Jh. n. Ch. verschlechtert, falls die Verhältnisse in den jüdischen Neusiedlungsgebieten der Batanäa symptomatisch sind: Zu Lebzeiten des Herodes genossen die Neusiedler Steuerfreiheit. Das gehörte zu den unumgänglichen Anfangsbegünstigungen für Neusiedler. Unter seinem Nachfolger Philippus aber wurden unbedeutende Abgaben erhoben (ant 17,23ff). Agrippa I. und II. »erdrückten sie mit Steuern«, wurden aber von den Römern darin noch übertroffen (ant 17,28). Zu den staatlichen Steuern kamen die religiösen. Die wichtigste Einkommensquelle der Priester, der Zehnt, war keine rein theoretische Forderung. Für die Pharisäer gehörte er zum Programm (Lk 18,12; Mt 23,23). Um seine Verteilung gab es heftige Kämpfe: »Die Hohenpriester gingen endlich in ihrem Übermut und ihrer Verwegenheit so weit, daß sie sich nicht scheuten, ihre Knechte auf die Tennen zu schicken und die den Priestern gebührenden Zehnten wegnehmen zu lassen; dies hatte die Folge, daß die ärmeren aus den Priestern vor Mangel umkamen« (ant 20,181; vgl. 20,206f). In den unruhigen Zeiten vor dem jüdischen Krieg waren die Einkünfte wohl knapper geworden. Daher wurde der Streit um sie auch rabiater geführt. Das Interesse der Jerusalemer Aristokratie am Zehnten geht auch daraus hervor, daß gleich am Anfang des Jüdischen Krieges eine Kommission nach Galiläa gesandt wurde, die u. a. den Zehnt einsammeln sollte (vita 12). Entscheidender als die quantitative Addition beider Steuerforderungen war ihre Konkurrenz: Die Römer besaßen die militärische Macht, um Steuerforderungen durchzusetzen, die Priesteraristokratie ideologische Mittel, um sie zu erheben. Daraus folgt zweierlei. Erstens: Je geringer die realpolitischen Mittel der einheimischen Aristokratie waren, um so mehr mußte sie durch legitimatorischen Nachdruck kompensieren, was an realer Macht fehlte. Legitimatorischen Nachdruck konnte sie durch Betonung des Gesetzes erzeugen, da im Gesetz die Existenzbasis der Priesteraristokratie durch göttlichen Willen garantiert und legitimiert wurde. Ein gewisser Gesetzesrigorismus lag objektiv in ihrem Interesse. Die ehedem verfeindeten Parteien der aristokratischen Sadduzäer und der gesetzesstrengen Pharisäer zogen hier an einem Strang, so daß ihr Streit im 1. Jh. n. Ch. zurücktreten konnte: Was die Pharisäer aus religiösen Gründen propagierten (zB. die Zehntzahlung), mußte den priesterlichen Aristokraten schon aus ökonomischen Gründen recht sein. Die liberale Jesusbewegung lief dagegen den objektiven Interessen der Aristokratie zuwider, da sie das Gesetz von innen aushöhlte, wenn sie für ihre Charismatiker priesterliche Vorrechte beanspruchte (Mk 2,23ff; Did 13,3ff), wenn sie eine Verpflichtung zu religiösen Steuern grundsätzlich verneinte und Kirchensteuern nur aus Anpassungsgründen zahlte (Mt 17,24ff; 23,23). Eine weitere Folge der Konkurrenz beider Steuersysteme war, daß Ethnozentrismus und Xenophobie der Aristokratie willkommen sein mußten, um durch den Verteilungskampf genährte Aggressionen auf die Römer ablenken zu können. Die Aristokratie spielte hier mit dem Feuer, und Agrippa II. machte sie wohl mit Recht für die Unruhen mitverantwortlich, auch wenn Josephus, ihr Parteigänger, diese Vorwürfe verharmlost (bell 2,336f). Mochte die Aristokratie noch so sehr an einem Ausgleich mit den Römern interessiert sein, sie konnten aus innenpolitischen Gründen kaum auf die Römer als Gegenstand nationaler Feindseligkeit verzichten. Die Jesusbewegung schwamm auch hier gegen den Strom. Sie nahm die verhaßten Steuereintreiber in ihre Bewegung auf und sprach von Feindesliebe und Versöhnung. Im Streitgespräch über den Zensus formulierte sie ihre irenische Haltung: Man solle dem Kaiser geben, was des Kaisers ist, und Gott, was Gottes ist (Mk 12,17). Das wird meist auf materielle Abgaben an den Staat und immaterielle religiöse Pflichten bezogen, könnte aber auch bedeuten, man solle dem Kaiser die Steuern, Gott aber den Zehnt (und andere Abgaben) zahlen. Auf jeden Fall wurde die Parole der Widerstandsbewegung abgelehnt, daß die Alleinherrschaft Gottes den Steuerzahlungen an die Römer widerspricht.

Halten wir fest: Durch die Konkurrenz zweier Steuersysteme wurde die Legitimität staatlicher Steuern ständig in Frage gestellt.

Die doppelten Steuern mochten an sich schon belastend sein, ihre Illegitimität mußte Empörung schaffen. Die Legitimitätsproblematik verband die ökonomischen Probleme unmittelbar mit den religiösen, also mit der Frage nach Gottes Herrschaft und Israels Erwählung. Die ökonomische Situation wurde im Lichte dieser Tradition gedeutet.

4.5 Zusammenfassung: Die pax romana des augusteischen Zeitalters brachte für Palästina positive Auswirkungen in Handel und Wirtschaft, die zu Veränderungen in der sozioökonomischen Struktur des Landes führten. Einerseits stiegen neue Gruppen bis in die Oberschicht auf, zB. die mit den Herodäern verbundenen Gruppen (Mk 3,6; 12,13), andererseits verschlechterte sich die Lage für viele kleine Leute. Auf- und Abstiegsprozesse erschütterten traditionelle Werte und Normen und riefen eine Sehnsucht nach Erneuerung hervor. Eine der Erneuerungsbewegungen ist die Jesusbewegung. Wir finden in ihr sowohl Mitglieder und Sympathisanten der neuen Oberschicht – die Frau des herodäischen Verwaltungsbeamten Chuza (Lk 8,3), einen Vertrauten des Antipas (Apg 13,1), den Oberzöllner Zachäus (Lk 19,1 ff) –, als auch Angehörige mittlerer Schichten, die von Verschuldung und Abstieg bedroht waren: Bauern, Fischer und Handwerker. Hier gab es oft sehr konkrete Gründe, Haus und Hof zu verlassen. Die verschiedenen Verhaltensmuster sozialer Entwurzelung in den innerjüdischen Erneuerungsbewegungen waren zweifellos ökonomisch bedingt. Waren sie aber einmal etabliert, so konnten sie mit neuen Motiven und Sinndeutungen verbunden werden. Die durchgehende Kritik an Reichtum und Besitz in allen drei Erneuerungsbewegungen zeigt jedoch, daß ökonomische Motive nie ganz zurückgetreten sind. Auch für die Jesusbewegung sind derartige Motive nicht auszuschließen. Zu ihrer Beurteilung ist wichtig, daß vorhandenes Elend in den unteren Schichten allein nicht ausreicht, um die soziale und religiöse Dynamik Palästinas im 1. Jh. zu erklären. Drohendes Elend hat oft rebellischer gemacht als vorhandenes. Und das Unerträgliche ist in der Geschichte immer erstaunlich lange ertragen worden. Der soziale Ort der innerjüdischen Erneuerungsbewegungen des 1. Jh. n. Ch. war daher weniger die allerunterste Schicht als eine marginale mittlere Schicht, die besonders sensibel auf sich abzeichnende Aufstiegs- und Abstiegsprozesse reagierte.

5 Sozioökologische Faktoren

Spätestens seit dem Aufblühen der Städte in hellenistischer Zeit war der Stadt-Land-Gegensatz ein wichtiger Faktor der sozialen Entwicklung geworden. Das gilt auch für Palästina, obwohl sich die sozioökologische Struktur des Landes nicht auf die Formel vom Stadt-Land-Gegensatz bringen läßt: Auf der einen Seite ist zwischen den hellenistischen Stadtrepubliken und der jüdischen Metropole (sowie kleineren jüdischen Orten) zu unterscheiden, auf der anderen zwischen besiedelten Landstrichen und unwegsamen Gebirgen und Wüsten[17].

5.1 Das Phänomen: Die Jesusbewegung war ursprünglich auf dem Land verankert. Sie war eine galiläische Bewegung (vgl. Mk 14,70; Apg 1,11; 2,7). Die synoptische Tradition ist in kleinen, oft anonymen galiläischen Orten lokalisiert. Von den größeren Orten, von Sepphoris, Tiberias, Kana, Jotapata oder Gischala schweigt sie. Chorazim wird nur erwähnt, um in die Hölle verdammt zu werden (Mt 11,20). Noch aufschlußreicher ist, daß dort, wo hellenistische Städte erwähnt werden, Jesus nur das umgebende Land betritt, nicht die Städte selbst. Er berührt die »Dörfer von Cäsarea Philippi« (Mk 8,27), das »Gebiet von Tyros« (Mk 7,24.31), das »Land der Gerasener« (Mk 5,1). Die Dekapolis durchzieht er, ohne die zehn Städte selbst zu betreten (Mk 7,31). Diese Beschränkung auf das Umland der Städte dürfte historisch sein, da sie den Verhältnissen der nachösterlichen Zeit widerspricht: Schon bald gab es eine Gemeinde in Tyros (Apg 21,3f). Ursprünglich beschränkte man sich auf das Land. Wir hören viel von Bauern, Fischern, Winzern und Hirten, nur wenig von Handwerkern und Händlern. Auch die Gelehrten sind rar. Sie müssen aus Jerusalem herbeizitiert werden, um in Galiläa aufzutreten (Mk 3,22; 7,1). Zu Jerusalem hat man ein ambivalentes Verhältnis. Einerseits wird die Metropole bald das Zentrum der Bewegung,

17 Eine Deutung israelitischer Religionsgeschichte aus der Perspektive des Stadt-Land-Konflikts findet sich bei L. Finkelstein: The Pharisees. The sociological backgrounds of their faith, Philadelphia 1938. M. Rostovzeff: Gesellschaft und Wirtschaft im römischen Kaiserreich, Leipzig 1931, hat die Bedeutung des Stadt-Land-Konflikts für die gesamte spätantike Sozialgeschichte hervorgehoben. Einen Versuch, von diesem Konflikt her Aspekte des Wirkens Jesu zu deuten, habe ich vorgelegt in: Die Tempelweissagung Jesu. Prophetie im Spannungsfeld von Stadt und Land, ThZ 32 (1976), 144–158.

andererseits weiß man Böses von ihr zu erzählen: Sie tötete schon immer die zu ihr gesandten Propheten (Lk 13,33 ff). Ihr Tempel soll einem neuen Tempel Platz machen (Mk 14,58). Er ist zur Räuberhöhle herabgekommen (Mk 11,15 ff). Dies Phänomen – die ländliche Verankerung der Jesusbewegung bei gleichzeitiger Ambivalenz gegenüber Jerusalem – läßt sich m. E. aus dem Stadt-Land-Konflikt heraus erklären, zumal es nicht ohne Analogien ist.

5.2 Analogien: Die einzelnen Erneuerungsbewegungen lassen sich verschiedenen ökologischen Strukturen zuordnen: Die Essener hatten ihr Zentrum in der Wüste, die Zeloten ihre Basis in gebirgigen Schlupfwinkeln, die Jesusbewegung im dicht besiedelten Land. Die Wüste war bei den prophetischen Bewegungen von großer Bedeutung. Die Distanz zu Jerusalem war allen gemeinsam.

5.2.1 Der *Täufer* trat in der Wüste auf und belebte alte Träume vom Heil aus der Wüste (Jes 40,3; Mk 1,3). Sein asketisches Auftreten kontrastierte bewußt mit dem luxuriösen Leben der städtischen Oberschicht (Mt 11,7 ff). Die Jesusbewegung war ursprünglich eine Abspaltung der Täuferbewegung. Der Unterschied lag gerade darin, daß man sich nicht von den Menschen separierte und manche asketische Regel nicht einhielt (Mt 11,19; Mk 2,18). Andere Propheten führten dagegen ihre Anhänger in die Wüste (ant 20,167; Mt 24,25f). Ein Ägypter führte seine Anhänger durch die Wüste zum Ölberg. Er verhieß, daß die Mauern Jerusalems auf seinen Befehl hin umfallen würden (ant 20,170 vgl. bell 2,261 ff; Apg 21,38). Aufschlußreich ist, daß Jerusalem als feindliche Stadt betrachtet wurde, als ein neues Jericho, das man erst noch erobern mußte.

5.2.2 In die Wüste hatten sich auch die *Essener* zurückgezogen, um dort dem Herrn den Weg zu bereiten (Jes 40,3 wird 1 QS 8,13 f zitiert). Darunter verstand man verschärfte Gesetzeserfüllung. Andere lebten im jüdischen Land verstreut. Zwar versicherte Josephus, sie seien in jeder »Stadt« anzutreffen (bell 2,124). Aber er nennt häufig die Dörfer seiner Heimat Städte. Philo urteilt wohl sachgemäßer, wenn er schreibt: Sie bewohnen vor allem »Dörfer« (probus 76).

5.2.3 Die *Widerstandsgruppen* hatten ihre Basis eindeutig auf dem Land. Schon die Unruhen nach dem Tode des Herodes spielten sich primär hier ab (ant 17,269 ff). Sie griffen auf Jerusalem erst über, nachdem die Landbevölkerung dorthin zum Pfingstfest geströmt war. Nach der Niederschlagung des Aufstands entschuldigten sich denn auch die Jerusalemer damit, daß »lediglich die Kühnheit der Auswärtigen die Schuld daran (dh. an dem Aufstand) trage; sie selbst seien mit den Römern mehr belagert gewesen, als daß es ihnen in den Sinn gekommen wäre, die Römer zu belagern« (ant 17,293). Von da an verstärkten die Römer an den Festtagen ihre militärische Präsenz. Dennoch kam es immer wieder durch einströmende Landbevölkerung zu Unruhen (vgl. bell 2,225; ant 20,165; 20,208 ff). Die Landbevölkerung war generell rebellischer als die Stadtbevölkerung: Führer des Widerstands kamen aus Galiläa wie Judas der Galiläer (bell 2,118), operierten in Idumäa und Arabien wie Tholomäus (ant 20,5) oder in Samarien und Judäa wie Eleazar, Sohn des Dinäus (ant 20,121). Die Jerusalemer Aristokratie wurde in gezielten Aktionen Opfer ihres Terrors, sei es durch Mord (ant 20,164f), sei es durch Geiselnahmen zur Befreiung inhaftierter Widerstandskämpfer (ant 20,208 ff). Während des Jüdischen Aufstands drangen sie in Scharen in Jerusalem ein. Vier ländliche Gruppen tyrannisierten die von ihnen als römerfreundlich verdächtigte Stadtbevölkerung: Galiläer unter Johannes von Gischala (bell 4,121 ff; 559), Judäer unter Simon, Sohn des Gioras (bell 2,652; 4,503), Zeloten unter Eleazar (bell 4,135 ff) – hier handelt es sich m. E. vor allem um ländliche Priester – und eine Gruppe von Idumäern (bell 4,224 ff). Ihr Terror wird nur verständlich, wenn sich in ihm lang angestauter Haß gegen die Stadtbevölkerung ausleben konnte. Politisch und militärisch war er irrational.

5.3 Intentionen: Eine Distanz zu den hellenistischen Städten sowie eine ambivalente Haltung gegenüber Jerusalem lassen sich im Programm aller Erneuerungsbewegungen nachweisen. Man bejahte die Heiligkeit Jerusalems. Aber diese Heiligkeit galt nicht mehr als gegeben, sondern als aufgegeben, und je mehr man die Idee der heiligen Stadt mit ihrer Wirklichkeit konfrontierte, um so radikaler fiel die Kritik aus.

5.3.1 Nach Philo beurteilten die *Essener* die (hellenistischen) Städte ausgesprochen kulturpessimistisch. Sie fürchteten sich vor den Gefahren der Zivilisation wie vor einem ansteckenden Bazillus (probus 76). Wahrscheinlich mischt sich in die Aussagen Philos ein wenig Sehnsucht nach dem einfachen Leben – in Alexandrien waren die Idyllen Theokrits lebendig –, die Kontaktscheu der Essener gegenüber der großen Welt ist jedoch richtig beobachtet (vgl. 1 QS 5,14f). Auch Jerusalem gehörte zur unreinen Welt. Zwar schickte man Weihegaben in den Tempel. Doch beteiligte man sich nicht am Opferkult; der Kult wurde vielmehr als unrein abgelehnt (ant 18,19; CD 4,18 V, 6; 1QpHab 12,7f u. ö.). Die Stadt war durch illegitime Priester verunreinigt. Man hoffte auf einen radikalen Wandel und erbaute sich an der etwas merkwürdigen Vision einer heiligen Stadt, in der jegliche sexuelle Aktivität verboten war (CD 12,1).

5.3.2 Eine ausgesprochene Kontaktscheu gegenüber hellenistischen Städten wird auch den *Widerstandskämpfern* zugeschrieben. Nach dem Bericht des Kirchenvaters Hippolyt gingen Zeloten und Sikarier – beides sind Namen für Widerstandsgruppen – in keine Stadt, »damit keiner durch ein Tor schreite, auf dem Bildsäulen standen« (adv haer 9,26). Ein radikalisiertes Bilderverbot diente zur Begründung der Kontaktscheu. Die Motivation war ethnozentrisch. Man wollte die jüdischen Normen betont wahren. Um so mehr hing man an Jerusalem. Hier wollte man notfalls mit Gewalt die richtigen Verhältnisse wieder herstellen. So nannten sich die Zeloten in Jerusalem stolz »Wohltäter und Retter der Stadt« (bell 4,146). Der Tempel wurde einer einschneidenden Reform unterzogen. Zum ersten Mal seit Herodes Regierungsantritt wurde wieder ein Zadokide Hoherpriester. Charakteristisch ist, daß er vom Lande stammte (bell 4,155f). Der Affront gegen die städtischen Hohepriesterfamilien ist unübersehbar.

5.3.3 Auch in der *Jesusbewegung* gab es zunächst eine deutliche Distanz zu den hellenistischen Städten. Es muß eine Strömung in ihr gegeben haben, die eine Begrenzung aller Aktivitäten auf das jüdische Hinterland forderte. Ein Wort warnt davor, zu den Heiden oder in die Stadt der Samariter zu gehen (Mt 10,5f), ein anderes prophezeit, daß man nicht einmal mit den »Städten« Israels zu Ende kommen werde, bis daß der Menschensohn kommt (Mt 10,23). Dennoch war die Haltung gegenüber den angrenzenden Stadtrepubliken anders als in den anderen Erneuerungsbewegungen. Sie konnten als Vorbild hingestellt werden. So erwartete man von Tyros und Sidon mehr Umkehrbereitschaft als von Chorazim und Bethsaida (Mt 11,20ff). Man erinnerte sich positiver alttestamentlicher Beispiele, der Witwe von Sarepta und des Syrers Naeman (Lk 4,24ff). Gewiß gab es auch viel Mißtrauen: Die Ge-

schichte von der Syrophönizierin zeigt, wie viele Vorurteile überwunden werden mußten, bis Menschen zusammenfanden, die sich
bislang mit Tiernamen beschimpft hatten (Mk 7,24 ff). Aber bald
schon missionierte man in Samarien und Syrien (Apg 8,1 ff; 11,20).
Und diese Mission (auch unter Heiden) wurde grundsätzlich von
allen akzeptiert, wenn auch nicht von allen betrieben (Gal 2,1 ff).
Durch die offene Haltung zu den hellenistischen Städten wurde
die Haltung zu Jerusalem modifiziert: Jerusalem galt als Ziel der
eschatologischen Wallfahrt aller Völker. Der Tempel sollte zum
Gebetshaus für alle Heiden werden (Mk 11,17). Auch für die hellenistischen Gemeinden blieb die heilige Stadt das Zentrum (Gal
2,17 ff; 1Kor 16,3; Röm 15,25). Aber es war nicht mehr das auf
seine Heiligkeit gegenüber allen Heiden ängstlich bedachte Jerusalem. Es war das Zentrum eines universalistischen Judentums.

5.4 Ursachen: Die entscheidenden Erneuerungsbewegungen –
vom Pharisäismus wird vorerst abgesehen – waren auf dem Land
verwurzelt und von antijerusalemischen Tendenzen bestimmt. Da
das Phänomen in der Gesellschaft weit verbreitet war, haben wir
nach seinen gesamtgesellschaftlichen Ursachen zu fragen: einerseits nach den sozialen Bedingungen für die religiös und politisch
konservative Haltung der Stadt Jerusalem, andererseits nach den
Bedingungen für die rebellischere Haltung des Landes.

5.4.1 Die Ursache für den *Konservativismus der Jerusalemer*
dürfte darin liegen, daß die gesamte Bevölkerung durch mannig-
fache materielle Interessen mit dem Tempel verbunden war. Diese
Bindung schuf eine partielle Interessenkonformität zwischen Ober-
und Unterschicht: Beide profitierten vom status quo. Daher war
Jerusalem außerhalb der Festzeiten, in denen die Landbevölkerung die Stadt füllte, eine relativ ruhige Stadt. Nur an den Festtagen wurde die römische Besatzung durch eine Kohorte verstärkt
(bell 2,224).
a) Fast alle Jerusalemer waren indirekt vom Tempel abhängig.
Viehhändler, Geldwechsler, Gerber und Schuster lebten von ihm.
Die Pilger brachten Geld in die Stadt und waren auf Dienstlei-
stungen der Bevölkerung angewiesen. Jerusalems Wirtschaft
basierte auf dem religiös motivierten Fremdenverkehr. Ansonsten
gab es keine bedeutenden Einnahmequellen. Die Umgebung war
nicht sehr fruchtbar. Industrien gab es nicht. Die großen Handels-
straßen liefen entlang der Küste bzw. im ostjordanischen Gebiet.

51

Der Handel wurde ohnehin durch religiöse Vorurteile erschwert. Es gab Importbeschränkungen für heidnische Luxuswaren (Sab 14b; j.Pes. 27d,54ff; j.Keth 32c,4ff). Rituelle Tabus hemmten den Viehhandel (ant 12,145f). Sogar der Verkauf landwirtschaftlicher Produkte an Heiden war umstritten (CD 12,8ff). Handeltreibende Berufe wie Eseltreiber, Kamelführer u. ä. wurden diskriminiert (Quid IV, 14,2 vgl. Aristeas § 114). Es fehlte in Jerusalem eine einflußreiche handeltreibende Schicht, die durch ihre Weltoffenheit ein Gegengewicht zu Ethnozentrismus und Xenophobie hätte bilden können. Der Jerusalemer Aristokrat Josephus spricht das deutlich aus: Wir kennen nicht »den Handel und den dadurch vermittelten Verkehr« (c.Ap. 60). Früher stand Jerusalem wenigstens als Hauptstadt in ständigem Verkehr zur Außenwelt. Seit der Übernahme der Regierungshoheit durch die Römer war jedoch Cäsarea zum Sitz der staatlichen Verwaltungsorgane geworden. In Jerusalem blieben nur die Selbstverwaltungsorgane der Juden. Um so mehr mußte man die religiöse Bedeutung der Stadt betonen. Ohne sie war Jerusalem nicht existenzfähig. Jerusalem war eine Stadt ohne städtische Basis.

b) Ein nicht unbedeutender Teil der Bevölkerung war direkt vom Tempel abhängig. Der Tempel zahlte gute Löhne. So erstreikten Tempelarbeiter einmal eine Lohnerhöhung von 100 % (b. Yoma 38a). Auch wurde der Lohn stundenweise ausgezahlt (ant 20,220). Die soziale Bedeutung des Tempels als des größten Arbeitgebers in Jerusalem geht aus dem Tempelbau hervor, der von 20/19 v. Ch. bis 62/64 n. Ch. dauerte. Herodes hatte zu Beginn 11000 Bauarbeiter eingestellt (ant 11,390). Bei Vollendung der Bauarbeiten waren es nach Josephus 18000, für die man neue Beschäftigungsmöglichkeiten suchen mußte (ant 20,219f). Die Zunahme der Beschäftigten ist umso erstaunlicher, als die extensiven Arbeiten schon zur Zeit des Herodes abgeschlossen waren. Beschäftigte der Tempel mehr Menschen als unbedingt nötig? Schon bei Herodes hatte der Tempelbau den Charakter eines Arbeitsbeschaffungsprogramms: Er konnte so u. a. 1000 arme Priester beschäftigen und den Tempelschatz wirtschaftlich nutzen.

c) Außerdem bot der Tempel rechtliche Vorteile für die ganze Stadt: Man konnte sich unter Berufung auf die Heiligkeit der Stadt um steuerliche Erleichterungen bemühen. Ein fingierter Erlaß des syrischen Königs Demetrius mit weitgehenden Steuergeschenken zeigt, wohin die Wünsche der Jerusalemer gingen (1 Makk 10,25ff). Zweimal sind Steuererleichterungen speziell für Jerusalem bezeugt: Einmal erließ der syrische Legat Vitellius die Umsatzsteuer für die auf dem Jerusalemer Markt verkauften Früchte (ant 18,90), das andere Mal verzichtete Agrippa I. auf eine die Jerusalemer Häuser belastende Vermögenssteuer (ant 19,299). Diese Steuererleichterungen stellten eine Bevorzugung der Stadt vor dem Land dar – eine Prämie für politisches Wohlverhalten.

Wir halten fest: Die gemäßigte Haltung der Jerusalemer beruhte auf gemeinsamen Interessen von Volk und Aristokratie am status quo von Stadt und Tempel. Alle auf dem Land verankerten Erneuerungsbewegungen standen dagegen notwendigerweise in Opposition zum Tempel, der das bestehende soziale und religiöse System repräsentierte. Jesus prophezeite seine baldige Zerstörung und Wiedererrichtung. Die Essener verwarfen den Opferkult im Tempel. Die Zeloten brachten einen großen Teil der Tempelaristokratie um und führten eine einschneidende Tempelreform durch. An solchen Veränderungen konnte die Jerusalemer Stadtbevölkerung nicht interessiert sein. Wenn es in ihr zu Unruhen kam, so ging es meist um die Verteidigung des status quo gegen Übergriffe der Römer. Man schützte die Tempelstadt vor Profanierung durch heidnische Embleme oder widersetzte sich der Verwendung von Tempelgeldern für profane Zwecke (ant 18,55 ff; Philo leg.ad Gai 276 ff; ant 18,60 ff; bell 2,293 ff). Da die Erneuerungsbewegungen den Tempel nicht akzeptierten und damit den Interessen der Jerusalemer entgegenliefen, hatten sie es schwer, in Jerusalem Fuß zu fassen. So auch die Jesusbewegung. Die Weissagung eines neuen, nicht mit Händen gebauten Tempels entsprach gewiß nicht den Interessen derer, die vom Tempelbau direkt oder indirekt abhängig waren.

5.4.2 *Die rebellische Haltung des Landes* ist nicht so leicht zu erklären wie die gemäßigte Einstellung der Jerusalemer – einfach deshalb, weil wir weniger Nachrichten über die Verhältnisse auf dem Land haben. Einige Ursachen lassen sich jedoch noch erkennen:

a) Das Land war schwerer zu kontrollieren. Das römische Militär war in den Städten (Cäsarea, Samaria, Jerusalem) konzentriert. Bis zu den Höhlen im Gebirge, in denen seit eh und je Räuber und Rebellen Unterschlupf gefunden hatten (von David bis zu den Makkabäern), kamen sie selten. Hier fanden die Widerstandskämpfer eine strategisch günstige Ausgangsposition (ant 14,421 ff; 15,346 ff; bell 4,512 f). Auch die Jesusbewegung konnte sich zunächst erfolgreich auf dem Land ausbreiten. Erst in Jerusalem wurde Jesus inhaftiert und getötet.

b) Das jüdisch besiedelte Land war zum größten Teil Grenzland. Jerusalem lag dagegen mitten in jüdischem Gebiet. Ansonsten war es nie weit bis zu den angrenzenden hellenistischen Stadtrepubliken: Askalon, Ptolemais, Tyros und Sidon lagen im Westen, die »zehn Städte« im Osten. Alle diese Städte hatten jüdische Minderheiten. Oft wohnten sie nicht in den Städten selbst, sondern in ihrem Umland. (Das ist wohl der Grund, warum Jesus immer nur das Umland betrat, nie die Städte selbst). Der Sachverhalt geht aus zwei Ereignissen hervor: Beim Ausbruch des Jüdischen Kriegs befanden sich die Juden außerhalb der Stadtmauern von Skythopolis. Hier wurden sie in einem Wäldchen ermordet (bell 2,466 ff). Ferner hören wir von einem Konflikt mit den Philadelphiern. Streitpunkt waren Dörfer auf dem Gebiet der Stadt (ant 20,2 ff). Die Landbevölkerung lebte also oft in unmittelbarer Nähe zu fremden Kulturen. Solche Grenzgebiete sind ein fruchtbarer Boden für nationalistische wie für liberale Tendenzen. Nationalistische Tendenzen zeigten sich bei den auf dem Land operierenden Widerstandsbewegungen. Sie richteten nämlich ihre Aktionen nicht nur gegen die Römer, sondern auch gegen angrenzende fremdländische Bevölkerung – so Hezekias (ant 9,159 f) und Tholomäus (ant 20,5). Liberale Tendenzen zeigte dagegen die Jesusbewegung. Zögernd öffnete sie sich den Fremden. Man denke an die Wundergeschichten vom heidnischen Hauptmann (Mt 8,5 ff) und von der Syrophönizierin (Mk 7,24 ff). Wenn Jesus die syrophönizische Frau zunächst schroff mit dem Hinweis auf die Vorzugsstellung der Israeliten zurückstößt, so wirken darin die Spannungen zwischen den ethnischen Gruppen im galiläischen Grenzgebiet nach.

c) Der wirtschaftliche Druck war wahrscheinlich auf dem Land größer als in der Stadt. Im Jakobusbrief wird über schreiende Ungerechtigkeit gegenüber Landarbeitern geklagt (Jak 5,4). Das Winzergleichnis dokumentiert die rebellische Stimmung unter den Pächtern großer Güter. Die Zenonpapyri zeigen, daß die Verweigerung von Abgaben an den abwesenden Gutsbesitzer vorkommen konnte (CPJ 6; PSI 554). Die Aggression der Landbevölkerung gegen die von ihrer Arbeit profitierenden Herren wurde durch deren Absentismus oft verstärkt. Ein Krispus hatte zB. Güter im Ostjordanland, wohnte aber in Tiberias (vita 33). Josephus lebte in Rom, besaß aber ein Landgut in der großen Ebene (vita 422). Die Gleichnisse setzen die Abwesenheit des Besitzers voraus (Lk 16,1 ff; 13,6 ff; 19,1 ff; Mk 12,1 ff). Dieser Absentismus hat zwar den Übergang von der Sklaverei zum Kolonat gefördert[18], für die Kleinpächter Palästinas aber war er nachteilig: Die abwesenden – oft sogar ausländischen – Gutsbesitzer interessierten sich nur noch für den Profit, weniger für das Gedeihen ihrer Besitzungen.

5.4.3 Spannungen zwischen Stadt und Land trugen zum Scheitern der Jesusbewegung bei ihrem ersten Auftreten in Jerusalem bei. Das geht aus der Passionsgeschichte hervor. Das Synhedrium ist sich darüber einig, Jesus nicht am Passafest zu inhaftieren; es soll keine Unruhe unter dem Volk geben (Mk 14,2). Mit »Volk« kann nur das zum Fest hereinströmende Landvolk gemeint sein. Denn die Jerusalemer Stadtbevölkerung war immer präsent. Nach dem Einzugsbericht besaß Jesus Sympathien unter den zum Fest Pilgernden. Den Ordnungsbehörden ist dagegen seine Bewegung schon deshalb verdächtig, weil sie aus Galiläa kommt (Mk 14,67. 70). Sie ist für sie nur ein Sonderfall der immer wieder vom Land in die Stadt hereingeschleppten Unruhen. Zwei Vorwürfe werden gegen Jesus erhoben: sein Messiasanspruch und die Tempelweissagung. Die Aristokratie interessiert sich dafür, ob er der Messias sei (Mk 14,61 f; 15,31 f). Sie betont wie Pilatus (Mk 15,2) die politischen Aspekte seines Auftretens. Die Weissagung gegen den Tempel wird dagegen von anonymen Anklägern erhoben, vermutlich von Sprechern des Volkes (Mk 14,58; 15,29 f). Die Bauarbeiter zB. mußten durch die angekündigte Zerstörung des Tempels – durch Gottes Eingreifen? durch Sabotage? wer konnte das wissen? – beunruhigt sein. Andere waren durch andere Interessen an den Tempel gebunden. Es ist daher wahrscheinlich, daß Jesus nicht nur mit der einheimischen Aristokratie und den Römern, sondern auch mit dem Jerusalemer Volk in Konflikt geraten ist. Sein Konflikt läßt sich nicht auf die Formel eines Unterschicht-, Oberschichtkonflikts bringen. Er wurde durch sozioökologische Faktoren überlagert. Das Jerusalemer Volk lehnte ihn ab (Mk 15,11). Ein Oberschichtangehöriger vom Land, Joseph von Arimathia, aber sympathisierte mit ihm (Mk 15,42). Später faßte die Jesusbewegung Fuß in Jerusalem. Sie wurde hier durch marginale Gruppen repräsentiert: einerseits von Leuten, die aus Galiläa nach Jerusalem übergesiedelt waren (wie Petrus und Jakobus Gal

18 Vgl. N. Brockmeyer: Arbeitsorganisation und ökonomisches Denken in der Gutswirtschaft des römischen Reiches, Diss. Bochum 1968. Zu Palästina speziell vgl. M. Hengel: Das Gleichnis von den Weingärtnern Mc 12,1–12 im Lichte der Zenonpapyri und der rabbinischen Gleichnisse, ZNW 59 (1968), 1–39, zum Absentismus dort S. 21 f.

2,8 f), andererseits von den **Hellenisten, dh. von griechisch spre-chenden** Diasporajuden (Apg 6,1 f; Mk 15,21). Zwischen beiden Gruppen gab es wahrscheinlich aufgrund eines sozioökonomischen Gefälles Spannungen: Die aus Galiläa übergesiedelten Fischer und Bauern waren ökonomisch wohl schlechter gestellt als diejenigen, die sich aus frommen Motiven in Jerusalem niedergelassen hatten, um nicht fern vom heiligen Land leben zu müssen. Es ist gewiß kein Zufall, daß ein Diasporajude der Jerusalemer Gemeinde eine bemerkenswerte Spende machte (Apg 4,36 f). Spender wollen oft auch Einfluß auf die Verteilung ihrer Spenden nehmen. Das scheint auch in der Jerusalemer Gemeinde so gewesen zu sein. Die Hellenisten[19], unter denen wir die meisten Spender vermuten, beklagten sich darüber, daß ihre Witwen bei der Lebensmittelverteilung zu kurz kämen. Dieser Streit war nach Lk Anlaß einer organisatorischen Trennung zwischen den Gruppen (Apg 6,1 ff). Der Streit wurde von außen »gelöst«, die hellenistische Gruppe aus Jerusalem vertrieben (Apg 8,1). Die von ihr im Ausland gegründeten Gemeinden aber unterstützten weiter die »Armen« in Jerusalem (Apg 11,27 ff; Gal 2,10). Das sozioökonomische Gefälle zwischen beiden Gruppen blieb erhalten.

5.5 Zusammenfassung: Die Jesusbewegung wurzelte wie andere innerjüdische Erneuerungsbewegungen im jüdischen Hinterland. Sowohl zur jüdischen Metropole wie zu den hellenistischen Stadtrepubliken läßt sich ein ambivalentes Verhältnis feststellen. Einerseits hielt man an der Zentralstellung Jerusalems fest, andererseits verwarf man den Tempel in seiner gegenwärtigen Gestalt, das Zentrum Jerusalems. Einerseits stand man der hellenistischen Bevölkerung mißtrauisch gegenüber, andererseits war man von ihrer Aufgeschlossenheit überrascht. Schon bald wurden Städte die Zentren der neuen Bewegung. In Jerusalem entstand eine bedeutende Ortsgemeinde, dann auch in Damaskus, Cäsarea, Antiochien, Tyros, Sidon und Ptolemais (Apg 9,10 ff; 10,1 ff; 11,20 ff; 21,3 ff; 27,3). In den hellenistischen Städten fand die Jesusbewegung offene Tore, weil sie eine Lösung für die Spannungen zwischen Juden und Heiden in Aussicht stellen konnte: ein universalistisches Judentum, das nach außen hin offen war.

19 Zu ihnen vgl. M. Hengel: Zwischen Jesus und Paulus. Die ›Hellenisten‹, die ›Sieben‹ und Stephanus, ZThK 72 (1975), 151–206.

6 Sozialpolitische Faktoren

6.1 Das Phänomen: Josephus bezeichnete das jüdische Gemeinwesen als »Theokratie«, dh. wörtlich als Herrschaft Gottes (c.Ap 2,165). Theoretisch stand in ihm Gott selbst an der Spitze. Das entsprach alten israelitischen Traditionen (vgl. 1Sam 8,7; Ps 47; Jes 33,22; Zeph 3,15). De facto aber war »Herrschaft Gottes« Herrschaft der priesterlichen Aristokratie. So ist es denn kein Widerspruch, wenn Josephus das jüdische Gemeinwesen an anderer Stelle »Aristokratie« (ant 20,229) nennt: Die Priester beanspruchten, Gottes Herrschaft zu repräsentieren. Nicht alle erkannten das an. Die Spannung zwischen beanspruchter Theokratie und faktischer Aristokratie wurde zum Nährboden radikaltheokratischer Bewegungen, in denen die Theokratie Jahwes gegen ihre theokratischen Vermittler und deren Verbündete, also gegen Priester und Römer, ausgespielt wurde. Eine solche radikaltheokratische Bewegung war auch die Jesusbewegung. Sie proklamierte die unmittelbar bevorstehende Herrschaft Gottes. Und wie immer man es wendet – diese Herrschaft Gottes bedeutete das Ende jeder anderen Herrschaft, auch der Herrschaft von Römern und Priestern. Der Konflikt mit ihnen ist gut bezeugt; bei der Hinrichtung Jesu wirkten beide Gruppen zusammen. Später scheint sich das Verhältnis zu den Römern entspannt zu haben. Keine der uns bekannten Verfolgungen ist ihnen anzulasten: Die Hinrichtung des Stephanus war ein Akt von Lynchjustiz (Apg 7,51 ff). Die Hinrichtung des Jakobus fiel in die Zeit des Königs Agrippa I. (Apg 12,1 ff). Der Herrenbruder Jakobus wurde während einer vorübergehenden Vakanz der Prokuratorenstelle auf Betreiben des Hohenpriesters hingerichtet. Die Römer mißbilligten sein Vorgehen und enthoben ihn seines Amtes (ant 20,197 ff). Auch sonst scheinen sie die Christen eher geschützt zu haben: Paulus würde von einem römischen Offizier vor einem Mordanschlag bewahrt (Apg 23,12 ff). Der Dekurio Cornelius trat der neuen Bewegung bei (Apg 10,1 ff). Im unruhigen Palästina gehörte die Jesusbewegung eher zu den ausgleichenden, mäßigenden Gruppen. Es bestand keine Notwendigkeit, diese Gruppe zu verfolgen. Diese Erkenntnis setzte sich bei den römischen Behörden aber erst nach Jesu Tod durch.

6.2 Analogien: Die Jesusbewegung wird schon in der Apg mit den Bewegungen des Judas und Theudas verglichen (Apg 5,36 ff) und muß sich gegen andere »Messiasse« und »Propheten« abgrenzen (Mt 24,24 ff). Bei diesen Analogien lassen sich zwei Typen radikaltheokratischer Bewegungen unterscheiden: prophetische und programmatische. Ein Prophet sagt, was sein wird, ein Programm, was sein soll. Prophetische Bewegungen sind an die Person des Propheten gebunden. Programmatische Bewegungen sind gegenüber Personen unabhängiger. Eine scharfe Unterscheidung läßt sich nicht durchführen. Auf jeden Fall gehört die Jesusbewegung zu den prophetischen Bewegungen.

6.2.1 Mehrere *prophetische Bewegungen* verhießen im 1. Jh. n. Ch. ein wunderbares Eingreifen Gottes zugunsten Israels, eine Wiederholung vergangener Heilstaten: Theudas versprach eine erneute Spaltung des Jordans (ant 20,97 ff), ein anderer die Wiederholung des Jerichowunders an den Mauern Jerusalems (ant 20,167 ff), Jonathan Wunder in der Wüste (bell 7,438 vgl. auch ant 20,167 f). Ein samaritanischer Prophet wollte die verschwundenen Tempelgeräte auf dem Garizim aufspüren (ant 18,85 ff). Jesus verhieß einen neuen Tempel (Mk 14,58). Alle Propheten zogen mit ihren Anhängern an den Ort des zu erwartenden Wunders. Aber jedes Mal griffen die Römer rasch ein, richteten ein Blutbad an oder inhaftierten den Anführer. Vergleichbar ist die Bewegung des Täufers. Auch er lockte Menschen in die Wüste und knüpfte dabei an alttestamentliche Verheißungen an. Sein Landesherr Herodes Antipas aber ließ ihn aus Furcht vor einem Aufruhr hinrichten (ant 18,118). Die neutestamentliche Überlieferung verschweigt dies politische Motiv (Mk 6,16 ff).

6.2.2 Die *Widerstandsbewegung* verfolgte über mehrere Generationen ihr Ziel einer allgemeinen Erhebung gegen die Römer. Sie proklamierte die »Alleinherrschaft Gottes« (bell 7,410; ant 18,23) und lehnte alle sterblichen Herrscher ab (bell 2,118). Durchgesetzt wurde diese »Alleinherrschaft« durch neue Messiasse: Judas Galiläus, der Gründer der Bewegung, strebte wahrscheinlich schon nach der Königsherrschaft (ant 17,271 f) und vererbte seinen Anspruch auf seine Nachkommen. Einer von ihnen, Menahem, trat am Anfang des jüdischen Kriegs »wie ein König« in »königlichem Gewand« in Jerusalem auf (bell 2,434.444) und wurde wegen seines Machtanspruchs von der ursprünglich mit ihm verbündeten Fraktion der städtischen Aristokratie umgebracht (bell 2,443). Gott sollte wohl doch nicht ganz »allein« herrschen. Wenigstens sahen es die Zeitgenossen so, wie man denn immer bei Parolen von der Alleinherrschaft Gottes, des Volkes, des

Gesetzes oder der Vernunft zu fragen hat, welche soziale Gruppe hier ihre Alleinherrschaftsansprüche untermauern will. Vergleichbare Probleme finden wir auch in der Jesusbewegung. Auch hier stand die Königsherrschaft Gottes unverbunden neben der Erwartung einer Herrschaft des Menschensohns. Auch hier bedeutete Herrschaft des Menschensohns konkret: Herrschaft seiner Anhänger (Mt 19,28). Überhaupt handelt es sich bei der »Alleinherrschaft Gottes« und der »Königsherrschaft Gottes« um vergleichbare radikaltheokratische Konzeptionen. Beide Konzeptionen waren in Galiläa entstanden. Und so könnte es sein, daß Jesus schon wegen seiner Reich-Gottes-Predigt den Behörden verdächtig war. Vergleichbar ist ferner das afamiliäre Ethos. Zwar wollte in der Jesusbewegung niemand Freunde und Verwandte höherer Ziele wegen umbringen (so ant 18,23; bell 7,266), aber auch sie verlangte den Haß aller Verwandten (Lk 14,26). Radikal waren beide Bewegungen, so verschieden sie sonst auch waren.

6.2.3 Die *Essener* galten als friedfertig (bell 2,135), ja als pazifistisch (Philo probus 76). Sie arrangierten sich mit den Herrschenden (probus 89–91). Herodes erließ ihnen zB. einen Eid (ant 15,371) und konnte einen ihrer Propheten als Propagandisten seiner Herrschaft gewinnen (ant 15,373 ff). Der friedliche Schein trügt jedoch. Diese merkwürdigen »Pazifisten« träumten von einem bevorstehenden Gemetzel, in dem sie zusammen mit den Engeln Gottes die Kinder der Finsternis (und dazu gehörten alle Fremden und Abtrünnigen im Land) abschlachten würden (vgl. die Kriegsrolle 1 QM). Anders als die Widerstandsbewegung verzichteten sie zwar darauf, den Willen Gottes in der Gegenwart terroristisch durchzusetzen. Dafür freuten sie sich um so mehr auf den großen Terror am Ende der Tage. Dann endlich würde die »Königsherrschaft« dem Gotte Israels gehören (1 QM 6,6 f). Wahrscheinlich sah man im jüdischen Aufstand den großen endzeitlichen Krieg: Ein Essener namens Johannes begegnet in ihm als Befehlshaber über Teile Judäas (bell 2,567), Essener wurden während des Krieges grausam gefoltert (bell 2,152 f), die Qumransiedlung wurde zerstört.

6.3 Intentionen: Die Opposition gegen das bestehende Herrschaftsgefüge wird nur im Licht radikaltheokratischer Intentionen verständlich. Alle Oppositionsbewegungen wollten die Herrschaft Gottes konsequent verwirklichen oder hofften auf ihre wunderbare Verwirklichung. Alle vertraten eine ausgesprochene Naheschatologie. Das nahe Ende der alten Welt implizierte dabei immer auch das Ende der Römerherrschaft. Und auch das Ende der traditionellen Theokratie. Denn die neue Theokratie sollte nicht durch die etablierten theokratischen Vermittler herbeigeführt werden, sondern durch charismatische Führer und mythische Gestalten.

6.3.1 *Zur Naheschatologie:* Während bei der Eschatologie von prophetischen Bewegungen, Widerstandskämpfern und Essenern die Opposition gegen die Fremdherrschaft unverkennbar ist, war ein solcher Zusammenhang bei der Jesusbewegung nur indirekt gegeben: Daß mit der wunderbar hereinbrechenden Gottesherrschaft auch die Römerherrschaft beseitigt wird, war so selbstverständlich, daß es nicht gesagt werden mußte. Der Blick ruhte ganz auf der neuen Welt. Diese neue Welt war kein totaliter aliter. Nach dem Glauben der Jesusbewegung ragte sie ja schon in diese Welt hinein. Sie war ungefähr datierbar: Noch zu Lebzeiten der ersten Generation sollte sie kommen (Mk 9,1). Sie war räumlich lokalisierbar: Aus allen Windrichtungen würden die Völker herbeiströmen, um mit Abraham, Isaak und Jakob zu speisen (Mt 8,10f). Ihr Zentrum sollte in Palästina liegen. Überhaupt war sie handgreifliche Realität. Sonst wäre es sinnlos, darüber nachzugrübeln, ob man einäugig oder zweiäugig in sie eingehen werde (Mk 9,43ff). Sonst würde man nicht in ihr speisen (Mt 8,10f; Lk 14,15; 22,29f), trinken (Mk 14,25) und auf Thronen sitzen können (Mt 19,28). Sie kam auch nicht völlig unabhängig von menschlicher Tätigkeit. Ihr Kommen war zwar ein Wunder. Aber sie kam auch in Wundern, in den Exorzismen Jesu und seiner Anhänger: »Wenn ich mit dem Finger Gottes die Dämonen austreibe, so ist die Gottesherrschaft schon zu euch gelangt« (Lk 11,20). Wunder aber konnte man tun, wenn man nur den dazu nötigen Glauben besaß (Mk 11,23). Wunder wurden von den Wandercharismatikern gefordert (Mt 10,8) und galten als »machbar«. Wunderheilungen traten in der Jesusbewegung an die Stelle, die in der Widerstandsbewegung terroristische Aktionen inne hatten. Man darf sich die Verkündigung der Gottesherrschaft also nicht als ein blasses theologisches Programm vorstellen. Sie lief vielmehr darauf hinaus, daß es in Palästina in allernächster Zeit einen grundlegenden Wandel geben werde, bei dem eine kleine Gruppe von Außenseitern zu Herrschern in Israel würde (Mt 19,28). Dieser Wandel kündigte sich in wunderbaren Taten an, nicht durch Gewalt: Die Sanftmütigen würden das Erdreich besitzen, die Friedfertigen würden zum Zuge kommen (Mt 5,5.9). Ohne daß die Römer erwähnt wurden, war doch klar: Das würde die Ablösung der Römerherrschaft und aller irdischen Herrschaft sein.

6.3.2 *Zur Messianologie:* Von der etablierten priesterlichen Aristokratie erhoffte man sich bei der Herbeiführung der neuen Zustände nichts. Neue theokratische Vermittler mußten an ihre Stelle treten. Die Widerstandskämpfer ersetzten im Jüdischen Krieg die kompromittierten Hohenpriester durch einen Zadokiden. Andere hatten gehofft, Menahem würde der messianische König sein. Die Essener schwankten zwischen der Hoffnung auf einen neuen Hohenpriester und einen neuen König und lösten dies Dilemma, indem sie zwei endzeitliche Vermittlergestalten erwarteten (1 QS 9,11), wobei sie den königlichen Messias dem endzeitlichen Priester unterordneten (1 QSa 2,11 ff). Messiaserwartungen sind wahrscheinlich auch an Jesus herangetragen worden, sei es von seinen Jüngern (Mk 8,27 ff; Lk 24,21; Apg 1,6), sei es von anderen Menschen, die man für verrückt hielt (Mk 1,24; 5,7). Derartige Messiaserwartungen würden das Einschreiten der Aristokratie und der Römer gut motivieren. Nach der Passionsgeschichte gaben sie den Ausschlag gegen Jesus (Mk 14,61 f; 15,2; 15,18 f.26 f. 32). Für eine soziologische Analyse würde sich jedoch nicht viel ändern, wenn diese Messiaserwartungen erst nach Ostern entstanden wären. In jedem Falle hat die Jesusbewegung nach dem Scheitern Jesu die gängigen Messiasvorstellungen korrigiert, nämlich die Erwartung eines irdischen Herrschers, der David übertreffen sollte, und an ihre Stelle den Glauben an den gekreuzigten und leidenden Messias gesetzt.

6.3.3 *Zur »politischen Ethik«:* Die Jesusbewegung hebt sich aus allen vergleichbaren radikaltheokratischen Bewegungen am deutlichsten durch ihr Ethos heraus. Widerstandskämpfer und Essener forderten den Haß der Fremden (vgl. 1 QS 1,10). In der Jesusbewegung fehlt dieser aggressive Zug. Während andere prophetische Bewegungen auf den Exodus als Modell einer Befreiung von Fremdherrschaft zurückgreifen, bezieht Jesus seine Zukunftsvision aus dem innerjüdischen Bereich: Der Tempelbau wird zum Typos des Neuen. Das deutet auf innere Erneuerung. So wird die Empörung über brutale Unterdrückung durch die Römer zurückgewiesen und zur Frage nach der eigenen Umkehrbereitschaft umformuliert (Lk 13,1 ff). Der irenische Grundzug ist unverkennbar. Die umstrittenen Steuerzahlungen an die Römer werden ausdrücklich legitimiert (Mk 12,13 ff), die mit den Römern zusammen arbeitenden Steuerbeamten, die Zöllner, akzeptiert (Mk 2,15 ff u. ö.). Zum engsten Jüngerkreis gehört sowohl ein Zöllner als auch ein Zelot, ein Widerstandskämpfer (Mt 10,3; Lk 6,15). Angehörige fremder Truppen werden positiv beurteilt (Mt 8,5 ff; Apg 10,1 ff). All das weist auf eine über die Grenzen hinweggehende Versöhnungsbereitschaft, die in der Forderung der Feindesliebe gipfelt (Mt 5,43 ff). Innerhalb der innerjüdischen Erneuerungsbewegungen gehört die Jesusbewegung zur Friedenspartei. Der von Widerstandskämpfern inszenierte Mord an Sacharja wird von ihr schärfstens verurteilt (bell 4,335; Mt 23,35). Versuche, die Jesusbewegung in die Nähe der Widerstandskämpfer zu rücken, sind absurd: Die »zwei Schwerter« von Lk 22,38 können nicht als Indiz aggressiver Absichten gewertet werden; Lk hat vorher die grundlegenden Gebote des Wandercharismatikertums für die Zeit nach Jesus relativiert (Lk 22,35 ff), darunter auch die demonstrative Schutzlosigkeit der Wanderprediger. Er konzediert einige Mittel der Selbstverteidigung. Auch die »friedfertigen« Essener gaben ihren Angehörigen Waffen gegen Räuber auf den Weg (bell 2,125). Und wenn davon die Rede ist, daß Jesus nicht Frieden, sondern Streit bringt, so wird das auf die Konflikte in der Familie bezogen (Lk 12,51 ff).

6.4 Ursachen: Die radikaltheokratischen Bewegungen gingen aus der Krise der Theokratie hervor. Auch die Jesusbewegung stand in Zusammenhang mit den soziopolitischen Spannungen Palästinas. Ihre Verkündigung der nahen Gottesherrschaft konnte nur in einem Land Resonanz finden, in dem das Problem der Herrschaft unbefriedigend gelöst war. Außerhalb Palästinas, im hellenistischen Urchristentum, wurde kaum noch von der Gottesherrschaft gesprochen. Paulus benutzt den Begriff nur am Rande (zB. Röm 14,17; 1Kor 4,20). In seiner sozialen Welt gab es nicht die tiefgreifenden politischen Spannungen, in deren Kontext er einmal in Palästina Konturen gewonnen hatte. Diese Spannungen lassen sich, grob gesagt, auf den Konflikt zwischen einheimischen und fremden Herrschaftsstrukturen zurückführen. Theokratie und Monarchie konnten an israelitische Traditionen anknüpfen, Imperium und Stadtrepubliken waren fremd. Der Versuch des Herodes, auf der Grundlage einer hellenistischen Monarchie ein dauerhaftes Gleichgewicht zu schaffen, blieb ohne Erfolg. Reibungen zwischen den verschiedenen Herrschaftsstrukturen schwächten vor allem die Theokratie und setzten dadurch radikaltheokratische

Träume frei. Die sozialen und politischen Spannungen gerieten schließlich außer Kontrolle und führten zum Jüdischen Krieg[20].

6.4.1 *Das römische Imperium.* Seit 63 v. Ch. gehörte Palästina zum römischen Reich. Überblickt man das erste Jahrhundert römischer Palästinapolitik, so muß man den Römern vorwerfen, daß sie durch Schwankungen ihrer Politik und durch eine allzu schwache Präsenz auf politischem und militärischem Gebiet zur Instabilität der Lage beigetragen haben.

a) Die Römer schwankten zwischen zentralisierender und dezentralisierender, zwischen direkter und indirekter Herrschaftsausübung. Pompeius teilte Palästina unter den hellenistischen Stadtrepubliken auf, die er von jüdischer Herrschaft befreit hatte (ant 14,74 ff). Die jüdischen Hohepriester und Ethnarchen wurden auf das jüdische Stammland beschränkt. Gabinius untergliederte es noch einmal in fünf Verwaltungsbezirke und schwächte so noch mehr den Einfluß des jüdischen Ethnarchen in Jerusalem (ant 14,91). Diesem gelang es jedoch, Konflikte im römischen Bürgerkriege in seinem Interesse zu nutzen. Schon Cäsar bestätigte ihn wieder als Ethnarchen über das ganze jüdische Gebiet. Herodes wurde sogar zu dessen König eingesetzt (40 v. Ch.). Seine Erfolge bei der Vertreibung der Parther und der Befriedung des Landes wurden durch Erweiterungen seines Territoriums belohnt. Wo die ausgehende Republik noch dezentralisiert hatte, wurde unter Augustus wieder zentralisiert. Aber auch das nicht auf Dauer. Nach dem Tode des Herodes wurde sein Land unter seine Söhne aufgeteilt. Schon nach zehn Jahren setzte man den Haupterben ab und ging in seinem Gebiet, in Judäa und Samarien, von der indirekten zur direkten Machtausübung über, während in den Randgebieten herodäische Prinzen weiterregierten und von einer Wiederherstellung herodäischer Hausmacht träumten. Für eine kurze Zeit hatte Agrippa I (41–44 n. Ch.) Erfolg: Er regierte über ein Gebiet, das dem Königreich des Herodes an Umfang vergleichbar war. Nach seinem Tode übernahmen die Römer jedoch wieder die direkte Regierungsverantwortung in Judäa. Dies Hin und Her hatte entstabilisierende Wirkung. Es konnte sich keine durch lange Machtausübung und Tradition legitimierte Herrschaft entwickeln. Man versuchte es mal mit Klientelfürsten, mal mit der

20 Zur politischen Geschichte Palästinas vgl. F. Schürer· Geschichte des jüdischen Volkes im Zeitalter Jesu Christi, Leipzig ⁴1907; S. Safrai/M. Stern (Hrsg.): The Jewish People in the first Century, Comp. Rer. Iud. ad N. T. I, 1, Assen 1974.

Aristokratie, man teilte und vereinigte. Keiner Institution gab man die Chance, mächtig genug zu werden, um das schwierige Land kontrollieren zu können. Palästina lebte in einer ständigen Verfassungskrise.

b) Wenn die Römer schon keine starke einheimische Aristokratie aufkommen ließen, so hätten sie selbst mit Autorität präsent sein müssen. Aber sie ließen das Land von einem nachgeordneten Präfekten bzw. Prokuratoren verwalten, der politisch ziemlich schwach war. Er unterlag einer dreifachen Kontrolle. Zunächst gab es da die herodäischen Kleinfürsten, die keine Gelegenheit ausließen, um die Schwäche ihres Konkurrenten bloßzustellen. Als Pilatus zB. Schilder mit der Inschrift des Kaisers in seinen Gebäuden in Jerusalem aufhängen ließ, erschienen sie an der Spitze der Protestierenden (Philo leg.ad Gai 276ff), obwohl Antipas in seinem Palast in Tiberias selbst Bilder aufgestellt hatte (vita 65). Spannungen zwischen Pilatus und Antipas (so Lk 23,12) waren unvermeidlich. Zweitens wurde der judäische Präfekt durch den syrischen Legaten kontrolliert, auf dessen Legionen er im Ernstfall angewiesen war. An ihn wandte sich auch die Bevölkerung mit Klagen. So wurde Pilatus vom syrischen Legaten abgesetzt, nachdem er gegen eine bewaffnete prophetische Bewegung unter den Samaritanern vorgegangen war (ant 18,88f). Wie wenig sicher konnte er seines Amtes sein, wenn er noch nicht einmal das durfte! Der Kaiser war die dritte und oberste Instanz. Bei Petitionen der Juden haben sie hin und wieder auch gegen die Prokuratoren entschieden. Ihre Anordnungen konnten zurückgenommen werden (ant 20,6ff; Philo leg.ad Gai 276ff). Einer wurde sogar abgesetzt (ant 20,134ff). Der Prokurator mußte also vorsichtig lavieren. Daß Pilatus durch Androhung einer Klage beim Kaiser erpreßbar war (so Joh 19,12), entspricht den tatsächlichen Machtverhältnissen. Ein anderer Prokurator wußte sich gegen die Kritik des Hohenpriesters an seiner Amtsführung nur dadurch zu wehren, daß er ihn durch Meuchelmord beseitigen ließ – gewiß kein Zeichen politischer Stärke (ant 20,162ff).

c) Die militärische Präsenz der Römer war gering. Erst nach dem Bar-Kochba-Aufstand stationierten sie in der Megiddoebene eine Legion. Bis dahin hatte es in Cäsarea nur 3000 Mann gegeben, dazu eine Kohorte in Jerusalem. Die Qualität der Truppen war nicht optimal. Die Soldaten wurden aus den hellenistischen Stadtrepubliken rekrutiert und teilten deren fanatischen Judenhaß. Dadurch kam es zu unnötigen Reibereien. So verbrannte ein Soldat eine Thorarolle (bell 2,229): ein anderer entblößte beim

Passafest öffentlich seinen Hintern und gab einen Furz von sich (bell 2,224). In Cäsarea und Sebaste schleppten nach dem Tode Agrippas I. Soldaten Bilder seiner Töchter in die Bordelle, um den judenfreundlichen König zu verhöhnen (ant 19,357). Diese antijüdisch eingestellten Soldaten waren zur effektiven Kontrolle des Landes denkbar ungeeignet. Der vernünftige Befehl des Kaisers, sie mit anderen Soldaten auszutauschen, kam aber nicht zur Ausführung (ant 19,365 f). Die höheren Ränge in der römischen Truppe waren dagegen judenfreundlicher. So standen bei Zusammenstößen zwischen Heiden und Juden in Cäsarea die Mannschaften auf Seiten der Heiden, ihre Vorgesetzten vermittelten dagegen zwischen den Kontrahenten (bell 2,266 ff). Im Jüdischen Krieg wird von einer Kohorte nur der zu Konversion und Beschneidung bereite Hauptmann Metilius verschont (bell 2,449 ff). Der Hauptmann von Kapernaum ist ebenso ein Sympathisant des Judentums wie der Hauptmann Cornelius von Cäsarea (Lk 7,1 ff; Apg 10,1 ff). Die unterschiedliche Einstellung zu den Juden innerhalb der militärischen Hierarchie wird besonders in der Passionsgeschichte deutlich: Die einfachen Soldaten verhöhnen Jesus als den »König der Juden« (Mk 15,16 ff). Ein Hauptmann aber erkennt in ihm den »Sohn Gottes« (Mk 15,39).

6.4.2 *Hellenistische Stadtrepubliken* gab es im jüdischen Palästina nur sehr selten[21]. Josephus nennt zwar Jerusalem eine »Polis«. Doch es fehlten die republikanischen Institutionen. Ihr Vordringen kennzeichnet seit Alexander die kommunale Verfassungsgeschichte des vorderen Orients. — Immer mehr Städte regierten sich durch eine Vollversammlung aller Bürger (die »ekklesia«), einen von ihr gewählten Magistrat (die »boule«) und prägten als Zeichen ihrer kommunalen Autonomie eigene Münzen. Derartige Städte umgaben in dichter Folge das jüdische Stammland. Am Mittelmeer lagen Sidon, Tyros, Ptolemais, Dor, Askalon, Gaza, Raphia. Im Ostjordanland hatten sich Skythopolis, Hippos, Gadara, Philadelphia und andere Städte zur »Dekapolis« zusammengeschlossen. Ein hellenistischer Reformversuch, auch Jerusalem in das wirtschaftliche und kulturelle Netz dieser Stadtrepu-

21 Vgl. A. H. M. Jones: The Urbanization of Palestine, Journ. Rom. Stud. 21 (1931), 78–85; ders.: The Cities of the Eastern Roman Provinces, Oxford 1937, 227–295; A. Alt: Hellenistische Städte und Domänen in Galiläa, in: Kleine Schriften Bd. 2, München 1953, 384–395; E. A. Judge: Christliche Gruppen in nichtchristlicher Gesellschaft, Wuppertal 1974, 12 ff.

bliken einzufügen, war im 2. Jh. v. Ch. am Widerstand der konservativen Landbevölkerung gescheitert[22]. Er führte im Gegenschlag zur Diskreditierung des Polisgedankens und – im Laufe der makkabäischen Expansionspolitik – zur Unterwerfung der umliegenden Stadtstaaten mit Ausnahme Askalons. Pompeius konnte daher 63 v. Ch. als Befreier der Städte vom jüdischen Joch auftreten. Wie anderswo versuchten die Römer, auch in Palästina die ihnen vertrauten kommunalen Institutionen zu fördern und das Land auf Stadtrepubliken aufzuteilen. Nur wo diese zu schwach und die Verhältnisse noch allzu rückständig waren, zogen sie es vor, ein Volk durch einheimische Klientelfürsten disziplinieren zu lassen. Versuche des Gabinius, Vorstufen für eine dezentralisierte kommunale Selbstverwaltung im jüdischen Palästina zu schaffen, blieben ohne Erfolg. Erst die Herodäer setzten die römische Politik insofern fort, als sie einige Städte mit Polisverfassung gründeten, in die sie jedoch unbekümmert hineinregierten. Bezeichnenderweise lagen diese eher in Randgebieten wie Cäsarea (bell 2,284), Sebaste (ant 15,292 ff) und Cäsarea Philippi (vita 74). Das heidnische Element dominierte in ihnen. Überhaupt war das Zusammenleben von Juden und Heiden in diesen Städten sehr schwierig. Aus ehemaligen Herren waren die Juden zu kleinen Minoritäten geworden. Das Experiment, sie in Cäsarea gleichberechtigt nebeneinander leben zu lassen, schlug fehl. Die Bevölkerungsgruppen stritten sich so lange um die Bürgerrechte, bis Nero sie den Griechen zusprach (ant 20,182 ff; bell 2,284). In fast allen benachbarten Stadtrepubliken gab es am Anfang des jüdischen Krieges Pogrome: in Cäsarea, Skythopolis, Askalon, Ptolemais, Tyros, Hippos, Gadara und Damaskus (bell 2,457.466 ff.477 f.559 ff). In Tiberias wurde umgekehrt die heidnische Minderheit getötet (vita 67). In Städten, die vom jüdischen Stammgebiet weiter entfernt lagen und daher weniger die Weltherrschaftsansprüche jüdischer Nationalisten zu fürchten hatten, gab es keine Übergriffe gegen die Juden: so in Antiochien, Sidon und Apamea (bell 2,479). Die Distanz des Judentums zu den Stadtrepubliken und ihren Institutionen ist deutlich genug. Im Judentum sperrte man sich schon aus religiösen Gründen gegen die neuen Verfassungen: Sie hätten ein Zusammenleben von Juden und Heiden ermöglicht. Fremde wären zu Mitbürgern geworden, Juden zu »Fremden«. Die heidnischen Gymnasien hätten zur kulturellen Liberalisierung geführt, die Ent-

22 Zu diesem Reformversuch vgl. E. Bickermann: Der Gott der Makkabäer, Berlin 1937; M. Hengel, Judentum und Hellenismus, 436 ff.

stehung vieler autonomer Zentren zur Schwächung Jerusalems. Assimilationsbestrebungen wie im alexandrinischen Judentum lassen sich im palästinischen Raum nicht nachweisen. Im allgemeinen stand man den Stadtrepubliken distanziert gegenüber. Das gilt auch für die Jesusbewegung (s. o. 5.1.). Um so bemerkenswerter ist es, daß die Ortsgemeinden den Begriff der »ekklesia« zur Bezeichnung ihrer Versammlungen der stadtrepublikanischen Verfassung entliehen – auch dort, wo man sich gegen die »Heiden« abgrenzte (Mt 18,15ff; 16,18)[23]. Auch das ist ein Indiz dafür, daß in der Jesusbewegung die verfestigten Fronten zwischen Heiden und Juden durchbrochen wurden.

6.4.3 *Die jüdische Aristokratie:* Die Juden bildeten keine Polis, sondern ein Ethnos, an dessen Spitze der Hohepriester und das Synhedrium stand. Die Aristokratie war der natürliche Verbündete der Römer, weil ihre Mitglieder »schon mit Rücksicht auf ihren Besitz friedliebende Männer« waren (bell 2,338). Um so schwerer wiegt, daß die Römer die Schwächung aristokratischer Institutionen duldeten und selbst betrieben.

a) Das *Hohepriesteramt* war prinzipiell lebenslänglich und erblich. Aber schon die Hasmonäer waren dynastisch nicht legitimiert. Herodes setzte zwar anfangs einen Zadokiden ein, wechselte dann aber nach Gutdünken die Hohenpriester aus, so daß dem Amt auch sein lebenslänglicher Charakter genommen wurde. Zwar wurde er wegen eines Mordes an einem Hohenpriester von den Römern zur Rechenschaft gezogen, aber mit der Zusicherung entlassen, ein König sei in der Ausübung seiner Macht frei (ant 15,76). Die Römer duldeten so die Abwertung des Hohenpriesteramtes unter Herodes. Aber nicht nur das: Sie setzten seine Praxis fort, nach Belieben die Inhaber des Amtes auszutauschen. Zwischen 6 und 66 n. Ch. gab es 18 Hohepriester, von denen nur drei länger als zwei Jahre regierten, nämlich Hannas (6–15 n. Ch.), Kaiphas (18–36 n. Ch.) und Ananias (47–59 n. Ch.). Leider erfahren wir nur vereinzelt die Gründe für die zahlreichen Absetzungen: Der Hohepriester Jonathan kritisierte die Verwaltung des Prokurators und wurde deshalb durch Mord beseitigt (ant 20,162ff); Ananias der Sohn des Nedebaios wurde zusammen mit einem Aufrührer gefesselt nach Rom gebracht (ant 20,131). Von Kolla-

23 Der Begriff »ekklesia« wurde durch das hellenistische Judentum vermittelt vgl. K. Berger: Volksversammlung und Gemeinde Gottes, ZThK 73 (1976), 167–207.

boration kann hier keine Rede sein. Es gab offensichtlich Konflikte mit den Römern, in denen das Amt »verschlissen« wurde[24]. Ämterkauf und Intrigen setzten sein Ansehen herab. Es ist verständlich, daß die Widerstandskämpfer die etablierten hohenpriesterlichen Familien entmachteten und wieder einen Zadokiden zum Hohenpriester wählten (bell 4,155ff).

b) Das *Synhedrium* bestand aus drei Gruppen, aus Oberpriestern, Ältesten und Schriftgelehrten (Mk 15,1). Die Oberpriester waren die Kultaristokratie, die Ältesten die Besitz-, die Schriftgelehrten die Bildungsaristokratie. Die beiden ersten Gruppen hatten sich durch dynastische bzw. ökonomische Privilegien gegen nachrückende Gruppen abgeschirmt. Nur durch juristische und religiöse Bildung konnten neue Gruppen ins Synhedrium einziehen. Dabei können wir einen deutlichen Fall von Elitenzirkulation beobachten. Über das Synhedrium stiegen die Pharisäer[25] bzw. die pharisäischen Schriftgelehrten von einer rebellierenden Opposition, die das Land noch unter Alexander Jannäus (103–76 v. Ch.) in einen blutigen Bürgerkrieg gestürzt hatte, im Laufe von 100 Jahren zu den einzigen Repräsentanten des Judentums nach 70 n. Ch. auf, wobei sie nicht nur ihre Gegner, die sadduzäische Aristokratie, sondern auch alle konkurrierenden Erneuerungsbewegungen ausschalteten. Ihr Aufstieg wurde durch Konflikte zwischen weltlicher und geistlicher Macht gefördert. Denn die Pharisäer plädierten für deren Trennung. Sie fanden daher Unterstützung bei den politischen Kräften, die an der politischen Abstinenz der Priesteraristokratie interessiert sein mußten. So konnte die Nachfolgerin des Alexander Jannäus als Frau nicht Hoherpriester werden. Schwache Hohepriester, die sich aus der Politik heraushielten, waren in ihrem Interesse. Unter ihr wurden die Pharisäer ins Synhedrium aufgenommen. Auch für Herodes, einem Idumäer und Laien, war das Hohepriesteramt unzugänglich. Also mußte er es abwerten. Die das Hohepriesteramt tragende sadduzäische Aristokratie wurde von ihm durch Morde dezimiert (ant

24 Zur Politik der Hohenpriester vgl. G. Baumbach, Jesus von Nazareth (s. Anm. 1), 49–71; E. M. Smallwood: High Priests and Politics in Roman Palestine, JThS 13 (1962), 14–34.
25 Zu Sadduzäern und Pharisäern vgl. J. Wellhausen: Die Pharisäer und Sadduzäer, Göttingen ³1967; M. Weber: Die Pharisäer, in: Ges. Aufs. zur Religionssoziologie Bd. 3, Tübingen 1923, 401–442; H. Kreissig: Zur Rolle der religiösen Gruppen in den Volksbewegungen der Hasmonäerzeit, Klio 43 (1965), 174–182; R. Meyer, Tradition und Neuschöpfung im antiken Judentum, Leipzig 1965; J. Neusner: From Politics to Piety, The emergence of pharisaic Judaism, Englewood Cliffs 1973.

15,6; 14,175), die pharisäische Bewegung dagegen sehr wohlwollend behandelt (ant 15,3f; 15,370). Unter direkter römischer Verwaltung müssen die Pharisäer weiteren Einfluß auf das Synhedrium gewonnen haben. Josephus beschreibt wohl die Verhältnisse seiner Zeit, wenn er berichtet, die Pharisäer hätten eine so starke Position im Volk, daß sich die Sadduzäer ihnen in der Öffentlichkeit anpassen müßten (ant 18,17). Die große Stunde des Pharisäertums schlug nach der Katastrophe 70 n. Ch. Die Hilleliten, ihr gemäßigter Flügel, bildeten in Jamnias ein neues Synhedrium, konstituierten das Judentum neu und schalteten alle konkurrierenden Erneuerungsbewegungen aus. Auch die Christen wurden exkommuniziert.

c) Die *Jesusbewegung* stand in Spannung zur Tempelstaatsaristokratie, die primär für die Hinrichtung Jesu verantwortlich ist (Mk 11,18; 12,12; 14,1). Ihre Besorgnis über die neue Bewegung ist verständlich, wenn man an deren tempelkritische Haltung denkt, an Tempelreinigung (Mk 11,15ff), an die Relativierung des Tempels für Versöhnung und Eid (Mt 5,23f.33ff; 23,16ff) und an die Tempelweissagungen (Mk 14,58f; Apg 6,14; Mt 23,38). Wer Tempel und Gesetz relativierte, tastete damit die Privilegien der priesterlichen Aristokratie an. Es ist daher wahrscheinlich, daß die Verfolgung der Jesusbewegung vor allem vom Synhedrium ausging (Apg 4,5ff; 5,17ff; 6,15; ant 20,197ff). In diesen Spannungen wird man den Grund dafür sehen müssen, daß in der Passionsgeschichte die jüdischen Instanzen im Laufe der Überlieferungsgeschichte stärker als die Römer belastet wurden. Hier war nicht nur eine Tendenz vorhanden, die Römer zu schonen. Es entsprach den Erfahrungen der Jesusbewegung.

6.4.4 Auch *die herodäische Monarchie* war nicht fähig, eine dauerhafte Ordnung für Palästina zu garantieren[26]. Herodes gelang es zwar, das Land 34 Jahre lang zu disziplinieren (37–4 v. Ch.). Aber er unterdrückte nur die vorhandenen Spannungen, die sich nach seinem Tod um so explosiver entluden. Sein Nachfolger Archelaos mußte 6 n. Ch. abberufen werden, weil ihm der Ausgleich mit der Aristokratie mißlang. Agrippa I. (41–44 n. Ch.) hatte in seiner kurzen Regierungszeit zwar Erfolg bei seinen jüdischen Untertanen, dafür aber Mißerfolg beim Arrangement mit

26 Zur herodäischen Monarchie vgl. A. Schalit: König Herodes, Berlin 1969; H. W. Hoehner: Herod Antipas, Cambridge 1972; S. Perowne: The Later Herods, London 1958.

den hellenistischen Bevölkerungsteilen. Die Ursachen für das Scheitern der herodäischen Dynastie waren: ein beträchtliches Legitimitätsdefizit, Repressionspolitik gegenüber konkurrierenden Machtzentren, eine Propaganda, die religiöse Gefühle verletzen mußte, die Inhomogenität der Bevölkerung.

a) Das *Legitimitätsdefizit*. Auch die Hasmonäer waren Usurpatoren gewesen. Aber sie hatten die nationale Unabhängigkeit hergestellt, ihre Herrschaft durch einen Staatsvertrag mit dem jüdischen Volk nachträglich legitimiert (1Makk 14,27 ff). Ihr Bestreben, trotzdem die jüdische Ethnarchie in eine absolutistische Monarchie nach hellenistischem Muster umzuwandeln, stieß auf Widerstand. Unter Alexander Jannäus (103–76 v. Ch.) kam es zu einem sechsjährigen Bürgerkrieg. Als Pompeius die Verhältnisse in Palästina neu ordnete, erschien vor ihm eine Delegation des Volkes, die für eine Wiederherstellung der Priesterherrschaft plädierte (ant 14,41; Diodor 40,2). Schon die Hasmonäer hatten also Schwierigkeiten bei der Etablierung einer hellenistischen Monarchie. Erst recht war das bei Herodes der Fall. Seine Legitimationsbasis war mehr als dürftig. Er verdankte sein Königtum einem römischen Senatsbeschluß und keiner jüdischen Instanz. Er trat nicht als Sachwalter nationaler Unabhängigkeit auf, sondern als deren Liquidator. Er entstammte keiner königlichen Dynastie, sondern mußte erst eine als legitim angesehene Dynastie durch Mord aus dem Weg räumen. Er war nicht einmal ein richtiger Jude, sondern ein Idumäer. Seine Einsetzung als König war ein genialer Mißgriff der Römer. Sie belasteten das Land mit einer Dynastie ohne dynastische Legitimität und widersprachen damit ihren eigenen Prinzipien, was der letzte Hasmonäerkönig mit Recht kritisierte (ant 14,403 ff). Nur der Schock des Parthereinfalls macht die römische Fehlentscheidung verständlich: Sie vergaben an Herodes ein Land, das noch erobert werden mußte. Sein Herrschaftsanspruch basierte auf militärischer Eroberung. Sein Königtum setzte das absolutistische Königtum hellenistischer Söldnerführer fort und war alles andere als ein Volkskönigtum israelitischer Prägung. Es widersprach den Traditionen des Landes. So blieb ihm nichts anderes übrig, als sein Legitimationsdefizit durch eine Kombination von Repression und Propaganda zu kompensieren.

b) Die herodäische *Repressionspolitik* richtete sich gegen alle konkurrierenden Machtzentren, weniger gegen das einfache Volk. An erster Stelle hatte Herodes die hasmonäische Dynastie zu fürchten, obwohl er mit ihr durch Heirat verbunden war. In einem kühl kalkulierten Mordprogramm ließ er die Familie seiner

Frau ausrotten. Auch sie selbst und seine Kinder wurden sein Opfer. Die Geschichte vom Kindermord in Bethlehem ist ein volkstümliches Echo auf diese Vorgänge (Mt 2,7 ff). Zweitens mußte er die Aristokratie ausschalten. Das Hohepriesteramt kompromittierte er durch häufigen Personenwechsel. Dabei setzte er auch Diasporajuden ein (ant 15,22.320 ff), um ein Gegengewicht gegen alteingesessene Jerusalemer Familien zu schaffen. Ferner nahm er das hohepriesterliche Gewand unter Verschluß und lieh es nur zu Festtagen aus (ant 15,403 ff). Auch das Synhedrium wurde durch Morde eingeschüchtert und in seinen Kompetenzen eingeschränkt. Um die Opposition zu unterdrücken, unterhielt Herodes einen Geheimdienst (ant 15,366) und demoralisierte die Aristokratie durch Terror und Konfiskationen (ant 17,307). Er traf so gerade die Schichten und Institutionen, die für eine Befriedung des Landes wichtig waren. Vielleicht geschah das mit Absicht. Herodes wollte keine Ordnungsgaranten neben sich. Er mußte den Römern die Lage so darstellen, als sei nur er in der Lage, für Ordnung zu sorgen. So schuf er als Alternative zu seiner Regierung das Chaos, das nach seinem Tod ausbrach. Als gleichzeitig auch noch eine Gesandtschaft vor Augustus erschien, die für eine Abschaffung der Monarchie und eine Angliederung an die syrische Provinz plädierte, müssen die Römer hellhörig geworden sein (ant 17, 304 ff.314). Denn sie machten dem ebenfalls in Rom anwesenden Nachfolger des Herodes, Archelaos, die Auflage, die von der Gesandtschaft geäußerten Wünsche stärker zu berücksichtigen (ant 17,342). Weil er es nicht tat, wurde er nach zehnjähriger Regierungszeit abgesetzt. Diese Vorgänge haben ein Echo in der synoptischen Tradition gefunden: Nach Lk 19,12 ff reist ein vornehmer Mann in ein fernes Land, um sich ein Königreich zu erwerben. Seine Mitbürger aber schicken eine Gesandtschaft hinterher, die sich gegen seine Königswürde ausspricht. Interessant ist, daß die rebellischen Mitbürger im Gleichnis verurteilt werden. Waren die Herodäer im Volk beliebter als in der Aristokratie?

c) Die herodäische *Propaganda* konnte auf handfesten Erfolgen aufbauen. Nach den Wirren der Bürgerkriege hatte Herodes die pax romana auch in Palästina verwirklicht. Das Land hatte einen wirtschaftlichen Aufschwung erlebt. Die Erschließung neuen Landes und eine rege Bautätigkeit zeugen davon. Seinen heidnischen Untertanen imponierte Herodes durch Stiftungen und Festspiele. Dabei verstieß er gegen das Bilderverbot (ant 15,327 ff) und den jüdischen Monotheismus; denn er ließ sich als Gott feiern (OGIS 415). Bei seinen jüdischen Untertanen mußte er vorsichtiger sein.

Es gelang ihm, einen Propheten aufzutreiben, der ihm im Namen Gottes die Herrschaft zusprach (ant 15,373 ff). Wahrscheinlich wollte er sich auch als Messias verkaufen, als neuer David. Hatte David den Tempelbau nur vorbereitet, so hatte Salomo ihn ausgeführt. Herodes aber tat beides (ant 15,380 ff). War er nicht noch größer als David? Herodes usurpierte somit nicht nur die Macht, sondern auch die messianischen Hoffnungen Israels. Das mußte verletzend wirken und erst recht die Sehnsucht nach dem wahren Messias wecken, der das jüdische Volk nicht dem römischen Imperium, sondern das Imperium dem jüdischen Volk ausliefern würde. Diese Sehnsucht muß sich während der langen Regierungszeit des Herodes angestaut haben. Nach seinem Tod traten nämlich überall Messiasprätendenten auf: Judas in Galiläa, Simon in Peräa, Athronges in Judäa (ant 17,271 ff): »Ein solcher Wahnsinn hatte damals die Nation ergriffen, weil sie keinen eigenen König hatte ...« (ant 17,277). Wir müssen damit rechnen, daß diese Messiashoffnung im Lande noch lange lebendig geblieben ist[27]. Es ist wahrscheinlich, daß auch Jesus mit ihr konfrontiert wurde. Die Jesusbewegung erklärte solche Gedanken für abwegig. Wer sie äußerte, mußte verrückt sein; ein Satan mußte ihm die Gedanken eingegeben haben (Mk 1,24; 5,7; 8,29 ff; Mt 4,8 ff). Aber man muß nicht gleich an den Satan denken. Derartige Gedanken wurden durch die politische Situation eingegeben. Und es ist nicht ausgeschlossen, daß gerade gestörte Menschen für solche in der Luft liegenden Gedanken sensibel waren. Man denke etwa an den verrückten Unheilspropheten, der vor dem jüdischen Krieg den Untergang Jerusalems weissagte (bell 6,300 ff).

d) Die Römer erwarteten von den Herodäern eine *Integration* Judäas ins römische Reich. Sie übertrugen ihnen deshalb Gebiete, in denen Juden und Heiden zusammen leben mußten. Herodes I. versuchte, beiden Bevölkerungsteilen gerecht zu werden, kompromittierte sich aber durch Anpassung an heidnische Sitten bei den Juden (zB. ant 15,267 ff). Agrippa I. kam vor allem den Juden entgegen (vgl. Apg 12,3; ant 19,329 ff), legte sich aber mit den Heiden an. So führte er zB. einen Wirtschaftskrieg gegen die hellenistischen Städte Tyros und Sidon (Apg 12,20 ff). Wenn er in Cäsarea als »Gott« akklamiert wurde (ant 19,343 ff; Apg 12,21 ff), so geschah das sicher nicht aus aufrichtiger Hochachtung heraus. Im Gegenteil: die Akklamation sollte ihn bei seinen jüdischen

---

27 Vgl. W. R. Farmer: Judas, Simon and Athronges, NTS 4 (1958), 147–155.

Untertanen kompromittieren. Die wahre Gesinnung der Cäsareer zeigt sich nämlich bei seinem Tod: Sie feierten Freudenfeste und verhöhnten den Verstorbenen, indem sie Bildnisse seiner Töchter auf die Dächer von Bordellen stellten (ant 19,357). Die Juden deuteten seinen Tod als Strafe für die widerspruchslose Hinnahme einer Gotteslästerung, die Christen als Strafe für ihre Verfolgung (Apg 12,1 ff). Dem Historiker aber zeigen die Ereignisse bei seinem Tod vor allem, wie schwer es war, Juden und Heiden zu integrieren. War das vielleicht ein Grund für die Römer, das Experiment einer herodäischen Dynastie in Palästina abzubrechen? Das Land wurde nach dem Tod Agrippas I. wieder einem Prokurator unterstellt. Insgesamt gesehen scheiterte die römische und herodäische Integrationspolitik. Die Inhomogenität der Bevölkerung war zu groß.

6.5 Zusammenfassung: Palästina lebte in einer ständigen Verfassungskrise. Es ist nicht gelungen, die verschiedenen Herrschaftsstrukturen in ein dauerhaftes Gleichgewicht zu bringen. Die auf Ausgleich bedachte Aristokratie wurde durch Reibungen mit herodäischen Klientelfürsten und römischen Prokuratoren realpolitisch geschwächt. Sie wurde kompromittiert und verlor dadurch ihre ideologische Durchschlagskraft als Repräsentant der Theokratie. Die Krise der Theokratie war der Nährboden für radikaltheokratische Bewegungen. Spannungen zwischen den irdischen Herrschaftsstrukturen förderten die Sehnsucht nach der Herrschaft Gottes. Die synoptische Überlieferung thematisiert derartige Zusammenhänge im Wort vom gespaltenen Reich, das nicht in sich bestehen kann (Mk 3,24 f). Das Ende der Satansherrschaft signalisiert hier den Beginn der Gottesherrschaft. Dabei wird man die Satansherrschaft als symbolische Steigerung negativ erfahrener irdischer Herrschaft verstehen dürfen. Nach der Hirtenapokalypse (ÄthHen 85–90) hatte Gott mit dem Verlust der politischen Unabhängigkeit Israels seine Herrschaft an die gefallenen Engel, die Untertanen des Satans, delegiert. Der mythologische Vorgang spiegelt hier den realpolitischen wieder. In der synoptischen Apokalypse werden derartige Zusammenhänge in anderer Weise greifbar. Die Absicht des römischen Kaisers Gaius, durch sein Standbild den Jerusalemer Tempel zu entweihen (Mk 13,14 ff), wird als Beginn der großen endzeitlichen Drangsal gedeutet. Die Hoffnung auf den Menschensohn wird durch politische Unterdrückung intensiviert. Und so ist m. E. die Annahme wohl begründet, daß der radikaltheokratische Traum von der Herrschaft

Gottes in engem Zusammenhang mit den soziopolitischen Spannungen Palästinas zu sehen ist. Daß sein Sinngehalt über diese historische Situation hinausweist, sei unbestritten.

7 Soziokulturelle Faktoren

7.1 Das Phänomen: Mit der Naherwartung ist in den meisten innerjüdischen Erneuerungsbewegungen eine Verschärfung der Thora verbunden. Während bei der Naherwartung Zusammenhänge mit soziopolitischen Spannungen hervortreten, sind es bei der Thoraverschärfung Zusammenhänge mit soziokulturellen Spannungen zwischen jüdischer und hellenistischer Kultur. Die Thora gab dem Judentum seine Identität, definierte seine privilegierte und gefährdete Stellung unter allen Völkern und verlieh ihm sein Selbstbewußtsein. Die Diskussion um die wahre Thora und ihre Auslegung weist auf eine Identitätskrise des Judentums. Seine Rolle unter allen Völkern war problematisch geworden. Man schwankte (oft unbewußt) zwischen Annäherung und Abgrenzung, Kritik und Überbietung, Thoraverschärfung und -entschärfung. So auch in der Jesusbewegung. Das Gesetz wurde hier grundsätzlich bejaht. Seine Auslegung geschah aber im Hinblick auf die »anderen« – gerade da, wo man sich grundsätzlich zu ihm bekannte. Denn erst die Begegnung mit der philosophisch gefärbten hellenistischen Bildung schuf das Verlangen, die Mannigfaltigkeit des Gesetzes auf wenige Grundsätze zurückzuführen: auf Gottes- und Nächstenliebe (Mk 12,28 ff; Test XII Patr zB. Iss 5,2; Benj. 3,3 u. ö.) oder auf die »Goldene Regel« (zB. Mt 7,12; Sir 34, 15). Man empfahl sich so dem Hellenismus als ebenbürtig: Die »Goldene Regel« stammte aus der Popularphilosophie, Frömmigkeit und Gerechtigkeit galten auch bei den Griechen als die wichtigsten Dimensionen ethischen Verhaltens (vgl. Xen.mem. 4,8,11). Alles, was man an Gutem bei den Fremden fand, konnte man auch den einheimischen Traditionen entnehmen. Und mehr noch: Man war den anderen überlegen, wenn man die Thora verschärfte[28].

28 Zum Phänomen der Thoraverschärfung im Judentum vgl. H. Braun (s. Anm. 13). Zu Zusammenhängen zwischen Hellenismus und ethischer Verkündigung in der Jesusbewegung vgl. H. Hommel: Herrenworte im Lichte sokratischer Überlieferung, ZNW 57 (1966), 1–23. Eine wahre Fundgrube ist das ungeheuer gelehrte Werk von K. Berger: Die Gesetzesauslegung Jesu, WMANT 40, Neukirchen 1972. Die von ihm herausgestellten und belegten Zusammenhänge und Analogien müssen m. E.

7.1.1 *Normverschärfung:* Bei Normen läßt sich ein Handlungs- und ein Motivationsaspekt unterscheiden. Man kann fragen: Was soll getan werden? und: Warum soll es getan werden? Bei beiden Aspekten läßt sich in der Jesusbewegung eine Radikalisierung überlieferter Normen feststellen. Das geforderte Handeln wird erschwert, die Forderung auch auf die innere Motivation zum Handeln ausgedehnt. Eine Tabelle soll den Sachverhalt veranschaulichen:

Normbereich	Handlungsaspekt	Motivationsaspekt
Aggression	Nicht nur aggressives Verhalten ist verboten, sondern auch Gegenwehr gegen Aggression (Mt 5,39 ff).	Verboten sind nicht nur aggressive Handlungen, sondern auch der Zorn im Inneren (Mt 5,21 ff) sowie sublime Formen der Aggression wie Moralisieren (Mt 7,1 ff).
Sexualität	Ehebruch liegt auch dann vor, wenn man die Ehe scheidet und eine Geschiedene heiratet (Mk 10,2 ff).	Der Ehebruch beginnt mit sexueller Erregung und erotischer Faszination (Mt 5,27 f).
Kommunikation	Jedes Wort soll so wahr sein, als wäre es beschworen. Daher ist der Eid verboten (Mt 5,34 ff).	Nicht das äußere Wort ist entscheidend, sondern die innere Haltung (Mt 12,34).
Besitz	Radikale Nachfolge erfordert radikalen Besitzverzicht (Mk 10,17 ff).	Gefordert wird letztlich innere Freiheit vom Besitz: Freiheit gegenüber der Vorsorge (Mt 6,25).

Interessant ist in unserem Zusammenhang, daß es für die Radikalisierung im Bereich des Motivationsaspekts Parallelen im Hellenismus gibt. Schon Kleanthes betonte: Wer eine Begierde in sich zuläßt, wird bei passender Gelegenheit auch die Tat tun (frg. 573). Derartige Gedanken drangen über die Popularphilosophie auch ins Judentum, so daß man hier den Dekalog in dem Gebot: »Du sollst nicht begehren!« zusammenfassen konnte (Röm 7,7; 13,9).

nicht unbedingt so gedeutet werden, daß die Jesusbewegung in ihrer Gesetzesauslegung nur vorgegebene Traditionen fortsetzte. Analogien zwischen hellenistischem Judentum und Jesusbewegung dürften auf vergleichbare Situationen zurückzuführen sein: Auch die Jesusbewegung artikulierte eine Antwort auf Probleme, die sich für das Judentum angesichts des vordringenden Hellenismus stellten.

7.1.2 *Normentschärfung:* Das Ethos der synoptischen Tradition wird durch das Ineinander von Normverschärfung und -entschärfung charakterisiert. Lagen die normverschärfenden Gesetzesinterpretationen vor allem im sozialen Bereich, so finden wir normentschärfende Interpretationen eher im religiösen Bereich. »Liberal« war man hinsichtlich des Bilderverbots. Man akzeptierte das Bild des Kaisers auf den Münzen (Mk 12,13 ff). »Liberal« war man hinsichtlich der Sabbatnormen (Mk 2,27 u. ö.), hinsichtlich der Abgrenzung gegenüber Heiden und Sündern und der damit zusammenhängenden Reinheitsforderungen (Mk 7,15). Hemmnisse für die Kommunikation von Juden und Heiden wurden damit relativiert. Daher ist es kein Zufall, wenn wir vergleichbare »liberale« Auffassungen im hellenistischen Judentum finden, wo man mit dem Problem der Kommunikation von Juden und Heiden täglich zu tun hatte. Daß nur die Seele den Körper rein mache, behauptet auch Ps.-Phokylides (28). Bilder gab es auch in Diasporasynagogen (vgl. Dura-Europos). Eine Spiritualisierung ritueller Gebote finden wir in den Allegoresen des alexandrinischen Judentums.

7.1.3 *Der Zusammenhang von Normverschärfung und -entschärfung* läßt sich verschieden interpretieren. Sofern sich Verschärfung und Entschärfung auf verschiedene Normbereiche beziehen, könnte man sagen: Zwischenmenschliche Verpflichtungen seien für die Jesusbewegung entscheidender als religiöse Pflichten gewesen; daher würden jene entschärft, diese aber relativiert. Jedoch versagt diese Interpretation, wenn dieselben Normen verschärft und entschärft werden, wenn Normverschärfung dialektisch in Normentschärfung umschlägt. Dieser Umschlag ist konsequent. Wenn deutlich wird, daß jeder angesichts der verschärften Normen schuldig werden muß, muß alle moralische Selbstgerechtigkeit als Heuchelei erscheinen. Wenn Ehebruch schon mit dem erotischen Angesprochensein durch eine andere Frau beginnt, wer hätte dann noch das Recht, bei manifestem Ehebruch den ersten Stein zu werfen? Wenn Zorn und Totschlag auf einer Ebene liegen, wer könnte sich weigern, im Verbrechen die eigenen Impulse wiederzufinden? Muß nicht auch der Feind als Bruder erscheinen? Kann man noch säuberlich zwischen Guten und Bösen trennen, wo doch Gott über beide seine Sonne aufgehen läßt (Mt 5,45)? Wird der Sinn ethischer Normen nicht verfehlt, wo diese als Mittel moralischer Aggression benutzt werden? In der Jesusbewegung dämmert die ungeheure Erkenntnis, daß Mitmenschlichkeit mehr ist als Moral.

7.2 Analogien: Zur Normverschärfung gab es zahlreiche Analogien im zeitgenössischen Judentum. Alle Erneuerungsbewegungen wollten die Thora konsequenter als bisher einhalten. Alle bemühten sich um eine Neuformulierung jüdischer Identität, dh. all jener Merkmale und Verhaltensweisen, die als spezifisch jüdisch galten und Juden von Heiden unterscheiden konnten.

7.2.1 *Die Widerstandsbewegung:* Anders als in der Jesusbewegung wurden in der Widerstandsbewegung die religiösen Gebote verschärft, die sozialen eher entschärft. Verschärft wurde vor allem das erste Gebot. Die Alleinherrschaft Gottes stand im Mittelpunkt des zelotischen Programms (bell 2,118.7,410.518f; ant 18, 23). Das Bilderverbot wurde fanatisch ernst genommen. Anfertigen, Ansehen, Berühren und Tragen von Bildern waren verboten. Münzen galten als tabu. Ebenso die hellenistischen Städte, in denen man unvermeidlicherweise auf Götterbilder stoßen mußte (Hipp adv.haer. 9,26). Fanatisch wurde auch das Beschneidungsgebot gehandhabt. Unbeschnittene Juden wurden gekidnappt und vor die Wahl gestellt, sich entweder als Gesetzesbrecher töten zu lassen oder dem Gesetz Genüge zu tun (adv.haer. 9,26). Andererseits durchbrach man grundlegende soziale Gebote, zB. das Elterngebot. Im jüdischen Krieg wurden Überläufer getötet und ohne Begräbnis liegen gelassen. Angehörige, die ihre Verwandten beerdigen wollten, wurden selbst hingerichtet und blieben ohne Begräbnis (bell 4,381ff vgl. Mt 8,21f). Eine Verletzung des Tötungsgebots war unvermeidlich. Das Verbot des Menschenraubs wurde nicht respektiert: Man nahm Geiseln, um die Freilassung inhaftierter Genossen zu erpressen (ant 20,208ff). Um »Kollaborateure« auszuschalten, arbeitete man mit falschen Beschuldigungen (bell 5,439ff). Gewiß schwebte den Widerstandskämpfern ein Israel mit mehr sozialer Gerechtigkeit vor. Man nahm die sozialen Gebote ernst. Der Dekalog galt für das ganze Volk. Wer zum Volk gehörte, bestimmten jedoch die Widerstandskämpfer, die Reichen wurden ausgeschlossen: Zwischen ihnen »und den Fremden sei ja doch kein Unterschied, da sie die so heiß umstrittene Freiheit verraten und eingestandenermaßen die römische Knechtschaft erwählt hätten« (bell 7,255).

7.2.2 *Die Essener* verschärften die Thora auf religiösem und sozialem Gebiet. Auf religiösem Gebiet fällt ihr Bemühen um priesterliche Reinheit auf. Weil der Jerusalemer Tempel »verunreinigt« worden war, hatten sie sich im 2. Jh. v. Ch. vom Tempel getrennt.

In der Wüste wollten sie ihr Reinheitsideal verwirklichen (CD 3,20–4,19). Es war ein verinnerlichtes Reinheitsideal. Denn man wußte, daß äußere Riten keine Reinheit gewähren (1 QS 3,4ff), fürchtete sich jedoch vor ansteckender Unreinheit (1 QS 6,16ff; 7,19f), weswegen man gegenüber der Welt eine ausgesprochene Kontaktscheu zeigte (1 QS 5,10ff). Zur Wahrung priesterlicher Heiligkeit gehörte auch eine extreme Einhaltung der Sabbatnormen. So erlaubten die Rabbiner zB. die Rettung eines in den Brunnen gefallenen Stückes Vieh am Sabbat (bSchab 128b; Mt 12,11), die Essener verboten die Rettungsaktion (CD 11,13f). Normverschärfungen finden wir ferner bei den zentralen Themen zwischenmenschlichen Verhaltens: Aggression, Sexualität, Kommunikation und Besitz. Jedoch kamen diese Verschärfungen primär den Mitgliedern der eigenen Gemeinschaft zugute. Aggression gegen Genossen war streng verboten. Jähzorn wurde mit einem Jahr Ausschluß bestraft (1 QS 6,26f; 7,2). Alle Menschen außerhalb der Gemeinschaft aber war man zu hassen verpflichtet (1 QS 1,10; 9,21ff). In sexuellen Fragen dachte man rigoros. Der Kern der Essener lebte ehelos (bell 2,160), andere hielten sexuelle Betätigung nur um der Fortpflanzung willen für legitim (bell 2,160f). Auch das Sprachethos war streng. Für ein törichtes Wort gab es zB. drei Monate Ausschluß (1 QS 7,9). Gegenüber der Gemeinschaft galt das Gebot schrankenloser Offenheit, gegenüber allen anderen strenge Schweigepflicht (bell 2,141; 1 QS 5,15f). Der Eid wurde grundsätzlich verworfen (bell 2,135f). Am meisten Aufmerksamkeit weckte aber schon in der Antike das radikale Besitzethos. In der Gemeinschaft gab es keinen Privatbesitz (bell 2,122; ant 18,20; Philo prob 86). Die Neueintretenden übergaben nach einjährigem Noviziat Besitz und Arbeitslohn der Gemeinschaft (1 QS 6,19ff). Falsche Angaben hinsichtlich des Besitzes wurden hart bestraft (1 QS 6,25). Und während man sich selbst als die von Gott erwählten »Armen« bezeichnete (1 QpHab 12,3.6.10), verurteilte man das Besitzstreben als Kennzeichen der sündigen Welt (1 QS 10,19; 11,2 1 QpHab 6,1; 8,10f).

7.2.3 *Pharisäer* und Essener sind insofern vergleichbar, als sie priesterliche Reinheitsforderungen extensiv auslegten und auch auf Laien ausdehnten. Während jedoch die Essener die verschärften Normen in schroffer Separation von der Gesellschaft verwirklichten, bemühten sich die Pharisäer, sie im normalen Alltag zu praktizieren. Die Tendenz, das Gesetz an die mannigfachen Alltagssituationen anzupassen, entsprach dem sozialen Ort des

Pharisäismus. Er war die einzige innerjüdische Erneuerungsbewegung, die nicht an eine exzentrische Lebensform gebunden war. Im normalen Leben wollte er die Thora zur Geltung bringen. Die Zehntforderung wurde konsequent auf alle Agrarprodukte ausgedehnt (Mt 23,23), die Reinheitsforderung vernünftig interpretiert: Gegen Händewaschen (Mk 7,3f) und saubere Hausgeräte (Mt 23,23) kann man wenig einwenden. Die christliche Polemik wirkt hier nicht sehr überzeugend. Das Sabbatgebot wurde streng, aber praktikabel gestaltet: Hilfe für in Not geratene Menschen und Tiere war erlaubt (Mt 12,11f; bSchab 128b; bJoma 84b). Das pharisäische Programm einer kasuistischen Durchdringung des Alltags und seiner Legitimation von der Thora her verdient Respekt – auch deshalb, weil man hier Widersprüchliches zu verbinden suchte: Normverschärfung auf der einen, Anpassung an das normale Leben auf der anderen Seite. Von außen gesehen mußte diese innere Widersprüchlichkeit zum Vorwurf der Heuchelei führen. Schon Alexander Jannai (103–77 v. Ch.) warnte vor den »Heuchlern, die den Pharisäern ähneln« (bSota 22b). Die Jesusbewegung prangerte Widersprüche zwischen Lehre und Verhalten an (Mt 23,3ff). Die Essener warfen ihnen (dh. der Lügenmanngemeinde) vor, sie würden die Mauer um das Gesetz übertünchen (CD 19,24ff), »glatte Dinge suchen« (CD 1,18f) und Übereinstimmung mit der Thora nur vortäuschen. Den radikalen Strömungen war der Pharisäismus mit seinen ausgetüftelten Kompromissen nicht konsequent genug. Es war leicht, vom Rande der Gesellschaft her Kritik an einer Gruppe zu üben, die sich im Rahmen der vorgegebenen Gesellschaft ernsthaft um das »wahre Leben« bemühte. Im übrigen wurde der Widerspruch zwischen Normverschärfung und Anpassung in der pharisäischen Bewegung selbst gesehen. Er führte dazu, daß sie sich im 1. Jh. n. Ch. in zwei Schulen spaltete: die Schule des strengeren Schammai und die Schule des »liberaleren« Hillel. Die Schammaiten vertraten das Anliegen der Normverschärfung, die Hilleliten das der Praktikabilität. So verlangten die Schammaiten schroffe Separation von den Heiden. In 18 Halachot wurden verschiedene heidnische Speisen, die griechische Sprache, heidnische Zeugenaussagen, heidnische Geschenke, Schwiegersöhne und Töchter verboten (j.Schab 3c 49ff). Um diese verschärften Normen durchzusetzen, ging man sogar gewaltsam gegen die Hilleliten vor (j.Schab 3c 34ff). Erst nach der Katastrophe des Jahres 70 n. Ch. konnten sich die gemäßigten Hilleliten durchsetzen.

7.3 Intentionen: Normverschärfende Tendenzen finden wir im ganzen Judentum. Selbst die konservativen Sadduzäer wollten das Gesetz streng anwenden (ant 20,199). Liberalisierungstendenzen sind dagegen selten. Soziologischer Erklärung bedarf demnach vor allem das Phänomen der Thoraverschärfung (nach der methodologischen Maxime, daß gesamtgesellschaftlich verursacht ist, was gesamtgesellschaftlich verbreitet ist). Erste Hinweise auf die sozialen Bedingungen von Normverschärfungen geben explizite Begründungen für normverschärfende Interpretationen. Hierbei treten deutlich zwei soziale Abgrenzungstendenzen hervor: interkulturelle Abgrenzungstendenzen gegenüber den Heiden, intrakulturelle Abgrenzungstendenzen gegenüber anderen jüdischen Gruppen. Beide gehören dialektisch zusammen.

7.3.1 *Interkulturelle Abgrenzungsintentionen* verfolgten viele Erneuerungsbewegungen mit ihren normverschärfenden Interpretationen der eigenen Kultur. Bei den jüdischen Widerstandskämpfern im 1. Jh. n. Ch. war das am deutlichsten. Die Radikalisierung des 1. Gebots wandte sich von vornherein gegen die Fremden. Wenn Gott allein Herr war, dann durfte man keine anderen Herren anerkennen. Deshalb sagte man, die Juden »sollten die Römer nicht für stärker halten, als sie selbst seien, vielmehr Gott als einzigen Herrn anerkennen« (bell 7,410). Die Schammaiten drangen mit ihren normverschärfenden 18 Halachot auf strikte Separation. Selbst die Jesusbewegung motivierte ihre Normverschärfungen zT. mit Abgrenzungstendenzen. Das Gebot der Feindesliebe wird so begründet: »Wenn ihr nur die grüßt, die euch grüßen, welchen Lohn habt ihr? Tun nicht auch die Heiden dasselbe?« (Mt 5,47). Ähnliches gilt von der Forderung, sich von der Sorge um Essen, Trinken und Kleidung zu befreien. Auch hier heißt es: Darum bemühen sich ja auch die Heiden (Mt 6,37). Man betet das Vaterunser in dem Bewußtsein, daß es vom Plappern der Heiden unterschieden ist (Mt 6,7). Oder man begrenzt die Tätigkeit der Wandercharismatiker auf Israel (Mt 10,5f). Solche interkulturellen Abgrenzungstendenzen begegnen freilich nur selten. Nur ein kleiner Teil normverschärfender Verhaltensanweisungen wird so motiviert. Dabei ist folgendes zu bedenken: Je strenger man die Normen einer Gemeinschaft definiert, um so weniger Menschen können sich zu ihr zählen. Die Gruppe der »wahren Juden« wird in dem Maße kleiner, wie die Forderungen an den »wahren Juden« schärfer werden. Die Abgrenzung nach außen wird damit nach innen verlagert. Teile der ehemaligen

Innengruppe werden der Außengruppe zugezählt. Aus einer interkulturellen Abgrenzung wird eine intrakulturelle.

7.3.2 *Intrakulturelle Abgrenzungstendenzen* gehen mit innerer Notwendigkeit aus interkulturellen Abgrenzungsversuchen hervor, wenn mehrere Erneuerungsbewegungen konkurrieren. In Palästina wollte jede Erneuerungsbewegung das bessere Israel verwirklichen. Jede mußte die anderen Juden zu Israeliten zweiten Ranges zurückstufen oder sie gar mit den Heiden gleichstellen. Der Versuch, die Identität des Volkes gegenüber übermächtigen fremden Kulturen zu wahren, führte so paradoxerweise zum Verlust dieser Identität. Es gab nun mehrere Gruppen, die alle beanspruchten, das wahre Israel zu sein.

a) Die *Pharisäer* trennten scharf zwischen Anhängern und anderen Juden. Wer die pharisäischen Heiligkeitsforderungen nicht erfüllte, wurde als Am-ha-arez, als Volk des Landes diskriminiert. Ursprünglich bezeichnete man so die in Palästina lebenden einheimischen Heiden (Neh 10,28). Die Übertragung des Begriffs auf Juden zeigt, daß man diese den Fremden zurechnete. Der Verkehr mit ihnen wurde rigoros eingeschränkt: »Wer es auf sich nimmt, ein Chaber (dh. ein Angehöriger einer pharisäischen Genossenschaft) zu sein, verkauft an einen Am-ha-arez weder feuchte noch trockene Früchte, kauft von ihm keine feuchten, kehrt nicht als Gast bei ihm ein und nimmt ihn nicht in seinem Gewande als Gast auf« (Demai II, 3). Solche separatistischen Tendenzen waren auch im 1. Jh. n. Ch. schon vorhanden. Im Johannesevangelium wird das »Volk, das das Gesetz nicht kennt« von den Pharisäern verflucht (Joh 7,49). Nach den Synoptikern drängten die Pharisäer auf Trennung von den Sündern – insbesondere bei gemeinsamen Mahlzeiten (Mk 2,16; Lk 7,39).

b) Für die *Widerstandskämpfer* waren nicht die Reinheitsforderungen das primäre Kennzeichen der Zugehörigkeit zum wahren Israel, sondern die Haltung zu den Römern: Wer mit ihnen kollaborierte, galt nicht mehr als Volksgenosse. Das wird in der rückblickenden Schilderung des Josephus deutlich: »In jenen Tagen (sc. des Zensus) schlossen sich die Sikarier gegen diejenigen zusammen, die sich den Römern unterwerfen wollten und behandelten sie in jeder Weise als Feinde, indem sie ihre Habe raubten, fortschleppten und ihre Wohnungen entzündeten. Zwischen ihnen und den Fremden, sagten sie, sei ja doch kein Unterschied« (bell 7,254 f). Ein Teil der Eigengruppe wurde hier zur Fremdgruppe erklärt.

c) Die Zugehörigkeit zum wahren Israel wurde bei den *Essenern* nicht von der Aktivität des Menschen abhängig gemacht, sondern auf eine unergründbare Erwählung durch Gottes Willen zurückgeführt (vgl. ant 13,172). Gott hatte zwei Geister bestimmt, den Geist des Lichts und den der Finsternis (1 QS 3,15). Beide bestimmten das Handeln der Menschen. Der Geist des Lichtes und der Wahrheit war allein in der essenischen Gemeinschaft zu finden. Alle anderen waren verloren. Das Liebesgebot, das im Alten Testament jedem Volksgenossen und auch dem Fremden im Lande galt (Lev 19,18.34), wurde ausdrücklich auf die essenische Gemeinschaft eingeschränkt. Jedes ihrer Mitglieder hatte die Pflicht, »alle Söhne des Lichtes zu lieben, jeden nach seinem Los in der Ratsversammlung Gottes, aber alle Söhne der Finsternis zu hassen, jeden nach seiner Verschuldung in Gottes Rache« (1 QS 1,9 ff).

d) In der *Jesusbewegung* tritt die intrakulturelle Abgrenzung deutlicher hervor als die interkulturelle. Programmatisch heißt es in der Bergpredigt: »Wenn eure Gerechtigkeit nicht besser ist als die der Schriftgelehrten und Pharisäer, so werdet ihr nicht in die Gottesherrschaft eingehen« (Mt 5,20). Damit wird den Pharisäern die Zugehörigkeit zum wahren Israel, das die Anwartschaft auf die Gottesherrschaft besitzt (Mt 21,43), abgesprochen. Es ist konsequent, wenn der Ausschluß aus der Gemeinde mit dem Ausschluß aus dem Volk gleichgesetzt wird. Ein ausgeschlossenes Gemeindeglied, so heißt es Mt 18,17, »soll dir sein wie ein Heide oder Zöllner«. Gewiß überbrückt das Gebot der Feindesliebe alle Grenzen von Innen- und Außengruppe. Aber gerade an diesem Gebot kann man studieren, wie schwer diese Grenzen zu überbrücken sind. Denn durch die Feindesliebe weiß man sich den Heiden und Zöllnern überlegen, die nur eine auf Gegenseitigkeit beruhende Liebe kennen (Mt 5,46 f). Auch hier kommt man ohne Abhebung von einer Außengruppe nicht aus.

Der Versuch, die kulturelle Identität des Judentums durch Normverschärfung zu wahren, führte somit zur Schismatisierung. Im Extremfall verfolgten sich die Anhänger verschiedener Erneuerungsbewegungen. Bei den Pharisäern scheint es zu blutigen Auseinandersetzungen zwischen den Anhängern Hillels und Schammais gekommen zu sein. Der Pharisäer Paulus verfolgte die Jesusbewegung (Gal 1,23; Phil 3,6). Bei den Widerstandskämpfern gehörte gewalttätiges Vorgehen gegen andere ohnehin zum Programm. An solchen Auseinandersetzungen kann man ermessen, wie weit die Schismatisierung des Judentums fortgeschritten war. Es lebte in einer tiefen Identitätskrise. Erst die Katastrophe 70

n. Ch. hat die Chance gegeben, diese Identitätskrise auf der Grundlage des Pharisäismus zu überwinden.

7.4 Ursachen: Unsere Hypothese lautet: Die normverschärfenden Tendenzen innerhalb jüdischer Erneuerungsbewegungen sind Reaktion auf den von überlegenen Fremdkulturen ausgehenden assimilatorischen Sog. Einen ersten Beleg für diesen Zusammenhang ergab die Beobachtung, daß die normverschärfenden Tendenzen häufig mit interkulturellen Abgrenzungsintentionen begründet werden. Ein zweiter Beleg ergibt sich aus der Tatsache, daß die wichtigsten Erneuerungsbewegungen (Essener, Pharisäer, Widerstandskämpfer) aus der Konfrontation mit fremden Kulturen hervorgegangen sind: Die Chassidim des 2. Jh. v. Ch., die Vorläufer von Essenern und Pharisäern, widersetzten sich dem von den Syrern unterstützten hellenistischen Reformprogramm Jerusalemer Stadtbürger, das die Integration des Judentums in die hellenistische Kultur zum Ziel hatte. Die Widerstandsbewegung des 1. Jh. n. Ch. war eine Reaktion auf den wachsenden Einfluß der Römer und das damit verbundene erneute Vordringen hellenistischer Kultur. Soziokulturelle Spannungen zwischen Judentum und Hellenismus wären also die soziologisch erkennbaren Ursachen für normverschärfende Tendenzen im Judentum. Diese Spannungen werden zu einseitig gedeutet, wenn man in ihnen den Konflikt zwischen einer ethnozentrischen und einer kosmopolitischen Kultur sieht. Vielmehr trafen hier zwei Kulturen mit ökumenischem Anspruch auf, die beide mit ethnozentrischen Verhaltensweisen auf die ökumenischen Ansprüche der anderen Kultur reagierten, sei es mit Antisemitismus oder mit Xenophobie.

7.4.1 *Ökumenische Tendenzen in Hellenismus und Judentum*[29]
a) Der *Hellenismus.* Die völkerumspannenden hellenistischen Reiche waren die soziale Grundlage für den Gedanken, daß alle Menschen Bürger eines Weltstaates seien. In den vom Hellenismus neu eroberten Gebieten wurde zum ersten Mal die Idee des Kosmopolitismus formuliert (vgl. Zenon SVF I, 262). Dabei bewahrte man jedoch Elemente des griechischen Ethnozentrismus. Die Abneigung gegen fremde Barbaren wurde jetzt auf die Ungebildeten übertragen. Nur der Weise war Bürger des Weltstaates. Auch

---

[29] Zur Kulturbegegnung von Hellenismus und Judentum vgl. M. Hengel: Judentum und Hellenismus (s. Anm. 1); ders.: Juden, Griechen und Barbaren, SBS 76, Stuttgart 1976.

in Palästina waren derartige Gedanken lebendig. Meleagros aus Gadara dichtete das Epigramm: »Tyros hat mich erzogen, doch Gadara war meine Heimat, jenes neue Athen in der Assyrer Land ... War ich ein Syrer, was tut's? Die Welt ist der Sterblichen Heimat, und ein Chaos gebar sämtliche Menschen, mein Freund« (AnthGr 7,417,1 ff). In diesem Epigramm werden zwei Wurzeln des hellenistischen Kosmopolitismus genannt: die gemeinsame Bildung (vgl. das Stichwort »Athen«) und die zu ihr gehörende gemeinsame Mythologie (vgl. das Stichwort »Chaos«).

In den Stadtrepubliken Palästinas und Syriens muß es ein gut funktionierendes Bildungswesen gegeben haben, das eine Fülle von Philosophen der verschiedensten Richtungen hervorbrachte, mochten sie auch hauptsächlich außerhalb ihrer Heimat gewirkt haben[30]. Zu nennen sind die Kyniker Menippos, Meleagros und Oinomaos aus Gadara, der Skeptiker Herakleitos aus Tyros, die Epikuräer Zeno aus Sidon und Philodemos aus Gadara, die Peripatetiker Diodorus aus Tyros, Boethos aus Sidon und Nikolaus von Damaskus, die Stoiker Poseidonius aus Apamea, Antiochos aus Askalon, der im 1. Jh. v. Ch. die platonische Akademie in Athen leitete, Antipater aus Tyros, der Lehrer des jüngeren Cato usw. Das für Provinzverhältnisse blühende geistige Leben strahlte auf das jüdische Palästina aus. Bei dem hellenistischen Reformversuch im 2. Jh. v. Ch. versuchten fortschrittliche Bürger, auch in Jerusalem ein Gymnasium zu errichten (2Makk 4,9). Die makkabäische Reaktion setzte dem ein Ende. Die Faszination aber blieb. Sie führte dazu, daß Josephus und Philo die jüdischen Erneuerungsbewegungen als Philosophenschulen darzustellen versuchten, die Pharisäer zB. als Stoiker (vita 12), die Essener als Pythagoräer (ant 15,371) oder als Ethiker (probus 80).

Der ökumenische Charakter des Hellenismus zeigte sich ferner in der Religion. Griechische Mythologie wurde nach Syrien und Palästina verpflanzt oder einheimische Traditionen einer interpretatio graeca unterzogen. So erzählte man sich in Joppe, Perseus habe am dortigen Felsen Andromeda befreit (Plin. hist. nat. V, 13,69; Jos. bell 3,420). Skythopolis hielt sich für den Ort, an dem Dionysos aufgezogen worden war (Plin. hist. nat. V, 18,74). In Samarien konnte Simon Magus im 1. Jh. n. Ch. seine Gefährtin als reinkarnierte Helena ausgeben (Justin dial 120,6; apol 26,3). Später hielt man dort Herakles und Astarte für die Eltern des

---

30 Vgl. zu den einzelnen Philosophen die entsprechenden Abschnitte in K. Praechter: Die Philosopie des Altertums, Basel/Stuttgart 1967.

alttestamentlichen Melchisedek (Epiph. adv. haer. 55,2). Apollo wurde in Gaza verehrt (ant 13,364), Astarte als himmlische Aphrodite in Askalon (Pausanias I, 14,7). Während des hellenistischen Reformversuchs wurde sogar Jahwe in Jerusalem und Samarien als »Zeus« angebetet (2Makk 6,2; ant 12,261). Der hellenistisch Gebildete ahnte hinter den verschiedenen Göttergestalten denselben Gott. Die makkabäische Reaktion unterdrückte solche Ansätze von Religionstoleranz und entzog das Judentum den ökumenischen Tendenzen des Hellenismus. Auch dem neuen ökumenischen »Symbol« der Römerzeit, dem Kaiserkult, setzte es von Anfang an Widerstand entgegen.

b) *Ökumenische Tendenzen im Judentum*. Wie der hellenistische Kosmopolitismus entschränkter Ethnozentrismus war, so auch der ökumenische Anspruch des Judentums. Man hoffte, daß einmal alle Völker den einzig wahren Gott anerkennen und von überall zu seinem Tempel strömen würden (Sach 14,16; Jes 60,1ff; Mt 8,11). Die Weltherrschaft würde dann an Israel übergehen. Dieser Glaube an das erwählte Volk ist zweifellos ethnozentrischer Glaube. Aber er wurde modifiziert. Erwählt war Israel nur, sofern es die Forderungen Gottes erfüllte. Die großen Unheilspropheten hatten eingeschärft, daß Gott Israel auch verwerfen konnte. Die deuteronomistischen Geschichtsschreiber hatten die ganze israelitische Geschichte bis zum babylonischen Exil im Lichte der prophetischen Anklagen gedeutet. Israel erhob also nicht nur einen großen Anspruch gegenüber der Welt, es wandte diesen Anspruch auch kritisch gegen sich selbst. Zuletzt in der Gestalt des Täufers, der davor warnte, sich auf die Abrahamskindschaft zu verlassen, wo Gott doch aus Steinen Kinder erwecken konnte (Mt 3,9). Ökumenische Ansprüche begegnen also sowohl im Hellenismus als auch im Judentum. Der Unterschied war nur der: Der Geschichtsverlauf schien die Ansprüche der hellenistisch-römischen Kultur zu bestätigen, die des Judentums jedoch zu widerlegen. Bestätigung erfuhren die ökumenischen Ansprüche des Judentums allenfalls durch die Diaspora. Juden gab es überall: »Man kann nicht leicht einen Ort in der Welt finden, welcher dieses Volk nicht beherbergt und nicht in seiner Gewalt ist« (ant 14,115). Der hochstehende Monotheismus, der vergeistigte Gottesdienst ohne Opfer (in der Diaspora), das Ethos des Dekalogs und die innere Solidarität der Synagogenverbände übten auf Außenstehende eine große Anziehungskraft aus, so daß sich manche von ihnen als »Gottesfürchtige« der jüdischen Gemeinde anschlossen (vgl. Apg 13,34; 16,4 u. ö.) oder sich als Proselyten beschneiden ließen (Mt 23,15; Apg 6,5). Insgesamt befand sich das Judentum aber eher in der Defensive: Die Sonderrolle des zur Weltherrschaft bestimmten Volkes schien bedroht.

7.4.2 *Ethnozentrische Reaktionen im Hellenismus und im Judentum*: Völker und Kulturen besitzen soziokulturelle Identität, wenn sie sich in verschiedenen Rollen akzeptieren und von anderen akzeptiert werden. Hellenismus und Judentum aber konnten sich nur schwer akzeptieren. Zwei ökumenische Ansprüche konkurrierten hier miteinander. In beiden Ansprüchen lebten tradierte Ethnozentrismen weiter. Beide Seiten griffen bei Konflikten auf sie zurück. Die Römer, die wir zur hellenistischen Kultur zählen können, wurden nicht damit fertig, daß sich ein kleines Volk prinzipiell ihrer Weltmission entgegensetzte. Tacitus spricht von der »Erbitterung darüber, daß allein die Juden sich nicht gefügt hatten« (hist V, 10). Die Juden wiederum hielten an ihrem eschatologischen Machtanspruch fest und erwarteten von der Zukunft die Weltherrschaft.

a) Antiken *Antisemitismus* gab es in allen Schichten[31], auch bei so gebildeten Menschen wie Poseidonius, Cicero, Seneca und Tacitus. Die Oberschicht fürchtete die jüdische Minorität als potentielle Elite. Seneca bringt das relativ klar zum Ausdruck, wenn er über die Juden schreibt: »Die Bräuche dieser höchst verbrecherischen Nation haben eine solche Stärke erlangt, daß sie jetzt in allen Ländern verbreitet werden; die Besiegten haben den Siegern Gesetze gegeben« (Aug. civ. VI, 11). Drei Bedingungen des antiken Antisemitismus seien hervorgehoben:

aa) Eine ambivalente Haltung gegenüber dem Judentum, ein Schwanken zwischen Anerkennung und Ablehnung. Monotheismus, Ethos und Solidarität jüdischer Gemeinden waren von großer Ausstrahlungskraft. Antisemitische Vorurteile hatten u. a. die Funktion, dem entgegenzuwirken. Was die Majorität als positiv schätzte, mußte als »glänzendes Laster« hingestellt werden, sobald es bei einer diskriminierten Minorität beobachtet wurde. Muße galt in der Antike als hoher Wert. Wenn aber das jüdische Volk jeden siebten Tag als Ruhetag feierte, so wurde das als Faulheit ausgelegt (Philo leg. 120–133). Hilfe unter Freunden wurde in der Antike hoch geschätzt. Die Solidarität unter den Juden aber galt als verdächtig (Cicero pro Flacco 82,66). Dies Schwan-

31 Einen Überblick über den antiken Antisemitismus gibt S. W. Baron: A social and religious History of the Jews I, New York 1952, 188–195.

ken zwischen Anerkennung und Ablehnung kommt in der Dekadenztheorie Strabos (16,2.35 ff) zum Ausdruck. In ihr wird Mose als weiser und gottesfürchtiger Mann gelobt, seine Nachfolger aber werden getadelt, weil sie Speisegebote und Beschneidung verpflichtend machten.

bb) Vorurteile wurden ferner durch die Verbindung von diasporalem Minoritätsstatus und überregionaler Solidarität gefördert. Es gab überall eine jüdische Lobby. So etwas begünstigt Konspirationsverdächtigungen. Auch Cicero arbeitete mit diesem plumpen Mittel, um seinen Klienten Flaccus gegen die Anklagen der Juden zu verteidigen. Mit Blick auf die zahlreichen jüdischen Zuhörer des Prozesses wies er darauf hin, »welch eine große Menge sie sind, wie sie zusammen halten, wie einflußreich sie in Versammlungen sind« (pro Flacco 82,66).

cc) Vorurteilsfördernd war auch die Mischung von Privilegierung und Diskriminierung, die für die Situation der Juden im römischen Reich charakteristisch war. Sie hatten mehr von ihrer Eigenständigkeit bewahren können als andere Völker. Vom Kaiserkult waren sie befreit. Zum Militärdienst wurden sie wenig herangezogen. So etwas konnte Ressentiments auslösen. Die aus Alexandrien stammenden »heidnischen Märtyrerakten« beklagten die Privilegierung der Juden durch die Römer und verbanden antirömische und antisemitischen Tendenzen. Aggressionen gegen die Römer wurden in Aggressionen gegen eine Minorität verwandelt, die man aufgrund ihrer Privilegierung zwar mit den Römern identifizieren konnte, mit der sich aber die Römer viel zu wenig identifizierten, um sich angegriffen zu fühlen. Schon in der Antike waren die Juden ein idealer Sündenbock.

b) *Xenophobie im Judentum:* Auch das Judentum griff in seiner Auseinandersetzung mit fremden Kulturen auf ethnozentrische Verhaltensweisen zurück. Es unterschied sich darin nicht von anderen Völker. Gewiß legte es strenge Maßstäbe an sich. Aber gerade diese selbstkritischen Ansprüche konnten ethnozentrische Reaktionen fördern: Die Identität Israels war im Gesetz begründet; je ernster es das Gesetz nahm, um so größer mußte die Angst vor eigenem Versagen und daraus folgendem Identitätsverlust werden. Diese Angst wurde in Gegenstände und Menschen hineinprojiziert, die man für »unrein« hielt. Sie wurde zur Angst vor naturhaft vorgestellter Befleckung, zur Berührungsangst vor allem Fremden und Heidnischen: »Kauft jemand Küchengeräte von einem Heiden, so muß er, was man durch Untertauchen zu reinigen pflegt, untertauchen; was ausgekocht wird, auskochen, was man im Feuer ausglüht, ausglühen« (Aboda sara V, 12). Angst vor heidnischer Infektion bestimmte auch die elementarsten zwischenmenschlichen Beziehungen: Juden heirateten nur untereinander. Speisetabus erschwerten den geselligen Kontakt mit Heiden; sie waren separati epulis (Tac. hist. V, 5). Sie wohnten in eigenen Wohnvierteln (zB. in Alexandrien), »damit sie unvermischt mit Fremden die Reinheit ihrer Lebensweise besser bewahren könnten« (bell 2,488). All diese Berührungsängste lassen sich als in Menschen und Dinge hineinprojizierte Angst vor dem Verlust der eigenen Identität interpretieren. Die um die Zeitenwende hervortretende Taufbewegung ist ohne diese Angst nicht zu verstehen. Johannes der Täufer appellierte an die Angst vor Identitätsverlust, wenn er die Abrahamskindschaft als Garantie für das Heil in Frage stellte (Mt 3,9). Aus dieser Taufbewegung ging auch Jesus hervor. Jedoch ist in seiner Bewegung die Angst vor Identitätsverlust einer neuen Gewißheit gewichen, dem Vertrauen auf die Gnade Gottes.

7.5 Zusammenfassung: Wenn ein Volk sich selbst eine privilegierte Rolle unter allen Völkern zuschreibt, aber einer politischen und kulturellen Übermacht zu unterliegen droht, muß es in eine schwere Identitätskrise geraten. Sein Selbstbild ist bedroht, sein inneres Gleichgewicht gestört. Eine solche Identitätskrise machte Israel im 1. Jh. n. Ch. durch. Widrige Geschichtserfahrungen mußten mühsam in das eigene Selbstbild integriert werden. Die Abhängigkeit von Fremden konnte als Strafe für Vergehen des Volkes interpretiert werden, die dadurch bedingte vertiefte ethische Sensibilität wiederum das Selbstbewußtsein gegenüber anderen Völkern stärken. Je problematischer die soziokulturelle Identität in der Gegenwart wurde, um so intensiver erwartete man die Verwirklichung einer gelungenen Identität von der Zukunft. Normverschärfung und eschatologische Intensivierung lagen als Ausweg aus der Identitätskrise des Judentums nahe. Aber sie führten im Grunde nur noch tiefer in die Krise hinein. Denn die verschärften Normen mußten zur Schismatisierung des Judentums führen, wenn mehrere Erneuerungsbewegungen miteinander konkurrierten. Ein Konsensus über das »wahre Israel« war dann nur in einer partikularen Gruppe möglich. Alle anderen galten nicht mehr als wahre Juden. War man aber einmal so weit, nicht mehr Geburt und Abstammung als Kriterium für die Zugehörigkeit zum wahren Judentum zu akzeptieren, dann lag der nächste Schritt nicht mehr fern: Warum sollte nicht grundsätzlich jeder Mensch an der privilegierten Rolle des wahren Israel partizipieren? So wie die interkulturelle Abgrenzung mit innerer Notwendigkeit zur intrakulturellen Schismatisierung führte, so bereitete die Schismatisierung die Universalisierung des Judentums vor. Diese Universalisierung mußte zum Durchbruch kommen, wenn Normverschärfung in Normentschärfung umschlug, wenn man erkannte, daß auch kein auserwählter Rest in Israel den verschärften Normen Genüge tun konnte, sondern alle auf Gnade angewiesen waren: Juden und Heiden. Dieser Durchbruch geschah in der Jesusbewegung, auch wenn erst Paulus alle Konsequenzen zog. Der tradierte Ethnozentrismus wurde dabei nicht total überwunden; er wurde auf eine neue Größe übertragen: Der Absolutheitsanspruch der Kirche war transformierter Ethnozentrismus. Die Kirche verstand sich nun als das auserwählte Volk. Alle Außenstehenden wurden als Heiden herabgesetzt. Aus dem Judentum übernahm man den ethnozentrisch gefärbten Begriff für alle Fremdvölker. Es wäre gut gewesen, hätte man in größerem Maße vom Judentum auch jene unerbittliche Selbstkritik übernommen, die den jüdischen Ethnozentrismus von den überall vorhandenen Ethnozentrismen unterscheidet.

Die Faktorenanalyse ist damit beendet. Unterscheidet man zwischen religionssoziologischen Integrations- und Konflikttheorien, so ist festzustellen, daß für eine Analyse der Jesusbewegung eine Konflikttheorie eindeutig besser geeignet ist: Überall begegnen uns tiefgreifende Spannungen, Spannungen zwischen profitierenden und produzierenden Schichten, zwischen Stadt und Land, zwischen fremden und einheimischen Herrschaftsstrukturen, zwischen hellenistischer und jüdischer Kultur. Aus ihnen ging die Jesusbewegung hervor, teils von diesen Spannungen bedingt, teils auf sie einwirkend. Die Krise der jüdisch-palästinischen Gesellschaft hatte zur Suche nach neuen Wegen des religiösen und sozialen Lebens geführt. Sie hatte traditionelle Werte und Verhaltensmuster in Frage gestellt. Das soziale Leben war von »Anomie« bedroht. Anomie liegt dann vor, wenn zahlreiche Mitglieder einer Gesellschaft ihr Leben nicht mehr nach den Normen ihrer angestammten Umwelt führen können, weil die betroffenen Gruppen Änderungen ihres Status erfahren, die zu einer Erschütterung ihrer traditionellen Normen und Werte führen. Anomie ist nicht an bestimmte Schichten gebunden. Bei wachsenden sozialen Spannungen erfaßt sie alle Schichten, gleichgültig ob es sich um obere oder untere Schichten handelt, um aufsteigende oder absteigende. (Man kann nur so viel sagen, daß marginale Gruppen wahrscheinlich besonders sensibel für anomische Situationen sind. In ihnen entsteht dann häufig ein Verlangen nach sozialer und religiöser Erneuerung.) Ein Beispiel ist die Entstehung des Islam. Der Konflikt zwischen Byzanz und Persien hatte im 7. Jh. n. Ch. den Handel nach Arabien umgelenkt, Mekka war wirtschaftlich aufgeblüht, der neue Wohlstand hatte traditionelle Werte in Frage gestellt: »Kurz, es war eine Situation der Anomie entstanden, und in ihr bildete sich eine neue religiöse Bewegung heraus, die von einem Einwohner Mekkas namens Mohammed angeführt wurde.«[32] Das Beispiel des Islams zeigt, daß soziale und religiöse Orientierungskrisen auch durch einen neuen Wohlstand hervorgerufen werden konnten. Und so ist auch die hier vorgelegte Krisendeutung des frühen palästinischen Urchristentums keineswegs in dem Sinne zu verstehen, die Jesusbewegung sei nur aus sozialer Not, ökonomischem Druck und politischer Repression hervorgegangen. Auch Reiche begegnen in ihr. Die in ihrem Status bedrohten mittleren Schichten dürften jedoch das größte Gewicht gehabt haben. Auf jeden Fall trugen viele Faktoren zu jener Orientierungskrise der Gesellschaft bei, auf die die Jesusbewegung eine Antwort zu geben versuchte. Sofern diese Antwort soziologischer Analyse zugänglich ist, ist sie Gegenstand religionssoziologischer Funktionsanalyse.

32 T. Ling: Die Universalität der Religion, München 1971, 283.

III FUNKTIONSANALYSE:
EINWIRKUNGEN DER JESUSBEWEGUNG
AUF DIE GESELLSCHAFT

Die Faktorenanalyse hat gezeigt: Die Jesusbewegung ging aus einer tiefgreifenden Krise der jüdisch-palästinischen Gesellschaft hervor. Wäre sie nur Spiegel gesellschaftlicher Verhältnisse, so wäre mit der Analyse ihrer sozialen Bedingungen schon alles gesagt; eine gesonderte Funktionsanalyse würde sich erübrigen. Wir gehen jedoch von der Annahme aus, daß die Jesusbewegung nicht nur aus einer gesellschaftlichen Krise hervorgegangen ist, sondern eine Antwort auf diese Krise artikulierte, die soziologisch nicht ableitbar ist. Dieser Verzicht auf Ableitung geschieht nicht willkürlich, sondern läßt sich durch folgende Überlegungen begründen:

a) Die soziale Krise erklärt, warum es zu Erneuerungsbewegungen kam. Sie erklärt nicht die konkrete Gestalt der Erneuerungsbewegungen. Wir können erklären, warum sich damals soziale Entwurzelung in Palästina breit machte, aber nicht, warum der eine Krimineller, der andere Heiliger, der dritte Emigrant und der vierte Asket wurde. Eine soziologische Erklärung erklärt nur das Typische, nicht das Individuelle. Sie steckt nur einen gewissen Rahmen ab; was innerhalb dieses Rahmens geschieht, bleibt ihr entzogen. Religiöse Erscheinungen besitzen somit eine »relative Autonomie«. Die sozialen Faktoren lassen einen Spielraum für verschiedenes Verhalten.

b) Eine soziologische Analyse kann wohl die Genesis religiöser Phänomene erhellen, erklärt damit aber nicht schon deren Wirkung oder Wirkungslosigkeit. Was aus sozialen Gründen entstand, kann um seiner selbst willen tradiert werden. So hat soziale Entwurzelung ursprünglich vor allem ökonomische Gründe. Einmal verbreitet, konnten die mit ihr verbundenen Verhaltensmuster aber auch aus ganz anderen Gründen Nachahmung finden. In vielen Fällen wird man daher sozial bedingten religiösen Phänomenen eine »funktionale Autonomie« zubilligen müssen: Ihre Wirkung läßt sich aus ihrer Genesis nicht ableiten.

c) Schließlich kann die Analyse religiöser Phänomene nicht vom religiösen Selbstverständnis und ihrem Autonomiebewußtsein absehen. Selbst ein theoretisches Konzept, das die Eigenständigkeit der Religion vollständig leugnen würde, könnte ihren Autonomieanspruch noch als sinnvollen menschlichen Akt interpretieren: als Protest gegen den heteronomen Bedingungszusammenhang, aus dem er herausragt. Die Religion besäße somit »oppositionelle Autonomie«[33].

Besitzen religiöse Phänomene zumindest relative, funktionale und oppositionelle Autonomie, so kann eine Analyse der Auswirkungen religiöser Phänomene nicht mit einer Analyse ihrer Bedingungen identisch sein, da bei den Auswirkungen neue, nicht aus den Bedingungen ableitbare Momente ins Spiel kommen. Nun untersucht eine Funktionsanalyse nicht alle Auswirkungen, sondern nur diejenigen, die einen Bezug zu den objektiven Grundaufgaben der Gesellschaft haben. Bei einer in Krise befindlichen Gesellschaft ist dies vor allem die Überwindung und Reduktion von Spannungen. Sie steht vor der Frage: Soll man die Spannungen bis zur Revolte steigern? Soll man Ventile schaffen? Soll man sich anpassen? Angesichts von Krisen experimentiert jede Gesellschaft mit verschiedenen Lösungsversuchen. Als Experimentatoren dienen meist kleine Außenseitergruppen. Aus deren funktionalen Entwürfen, die nicht mit ihren Programmen identisch sind, da auch nichtintendierte Zusammenhänge zu ihnen gehören, seligiert die Gesellschaft brauchbare Elemente, ändert sie ab oder entwickelt sie weiter. Das meiste bleibt ohnehin ungenutzt und verkümmert am Rande der Gesellschaft. Das soziale Leben experimentiert über Bedarf hinaus, was wiederum funktional ist, da der Bedarf nicht von vornherein feststeht. Auch die jüdisch-palästinische Gesellschaft experimentierte in dieser Weise. Die in ihr auftretenden Erneuerungsbewegungen erprobten auf verschiedenen Wegen eine Überwindung wachsender Spannungen. Nur Weniges hat bleibende Spuren hinterlassen. Dazu gehört auch die Jesusbewegung: Sie experimentierte mit einer Vision von Liebe und Versöhnung.

33 Ich folge hierbei Gedanken Th. W. Adornos zur sozialen Bedingtheit von Kunst und Literatur, die er zusammenfassend in seinem posthumen Werk: Ästhetische Theorie, Frankfurt 1970, dargestellt hat. Der Begriff der »funktionalen Autonomie der Motive« stammt dagegen von dem Psychologen G. H. Allport: Entstehung und Umgestaltung der Motive, in: Die Motivation menschlichen Handelns, hrsg. v. H. Thomae, Köln 1965, 488—497.

Spannungen erzeugen Aggressionen. Überwindung von Spannung heißt daher immer auch: Überwindung von Aggression. Der funktionale Entwurf der Jesusbewegung zur Bewältigung sozialer Spannungen läßt sich m. E. am besten charakterisieren, wenn man ihn als Beitrag zur Aggressionsverarbeitung und -überwindung deutet. Dabei treten vier Formen von Aggressionsverarbeitung hervor: Aggression wurde 1. durch Gegenimpulse ausgeglichen, 2. auf andere Objekte verschoben und anderen Subjekten zugeschrieben, 3. verinnerlicht und auf das Subjekt der Aggression zurückgewendet, 4. in christologischen Symbolen dargestellt und transformiert. Dabei lassen sich jeweils zwei Probleme unterscheiden: das Problem der Eigenaggression, die man selbst aktiv vollzieht, und das Problem der Fremdaggression, die von anderen ausgeht[34].

8.1 Aggressionsausgleich: Der Neigung zur Aggression wird in der Jesusbewegung das Liebesgebot entgegengesetzt, der durch soziale Spannungen radikalisierten Aggression das radikalisierte Liebesgebot: »Ihr habt gehört, daß gesagt ist: ›Du sollst deinen Nächsten lieben und deinen Feind hassen.‹ Ich aber sage euch: Liebet eure Feinde!« (Mt 5,43 f). Dem Jüngerkreis gehörten in der Tat Mitglieder verfeindeter Gruppen, ein Zöllner (Mk 2,14) und ein Zelot (Lk 6,15), an. Diskriminierte Gruppen wurden von der Jesusbewegung akzeptiert. Das radikalisierte Liebesgebot könnte man psychoanalytisch als Reaktionsbildung interpretieren: Inten-

34 Im folgenden bedient sich die Analyse auch psychoanalytischer Terminologie. Zum Problem einer psychoanalytischen Hermeneutik vgl. Y. Spiegel (Hrsg.): Psychoanalytische Interpretationen biblischer Texte, München 1972. Ein großer Teil der dort gesammelten Interpretationen mutet dem historisch-kritischen Exegeten zunächst wie ein merkwürdiges Tohuwabohu an. Dennoch lassen sich m.E. Anregungen kritisch weiterführen. Dazu möchte ich mich an anderer Stelle äußern. Um wenigstens einige Mißverständnisse zu vermeiden, begnüge ich mich hier mit wenigen Punkten: 1. Im Zentrum der folgenden Überlegungen steht nicht die Triebdynamik des Es, sondern Funktionen des Ich (die sogenannten Abwehrmechanismen des Ich). 2. Es wird angenommen, daß biblische Symbole psychodynamische Prozesse darstellen und formen und nicht nur verschleiern. 3. Es wird nicht mit einem Aggressionstrieb gerechnet. Alle Aggression ist sozial durch Frustration, organisch durch Angstreaktionen des Menschen vermittelt; vgl. R. Denker: Angst und Aggression, Stuttgart 1974.

sivierte Aggressivität schlägt in ihr Gegenteil um. Triebenergie, die ursprünglich aggressiven Zielen zugute kam, dient nun der Gegensteuerung. Beim Problem der Fremdaggression wird das noch deutlicher. Aggressionsausgleich bedeutet hier: Vergebung und Versöhnung. Nicht siebenmal, sondern 77mal wird sie gefordert (Mt 18,21f). Damit wird auf Gen 4,24 Bezug genommen, wo mit siebenmaliger Rache für Kain, aber 77maliger Rache für Lamech geprahlt wird. Deutlich ist: Dieselbe Energie, die bisher Racheimpulsen zur Verfügung stand, soll nun entgegengesetzten Impulsen dienen. Und so darf man aus dem irenischen Grundzug der Jesusbewegung keinesfalls schließen, hier habe es sich um eine Gruppe von Menschen mit herabgesetzten aggressiven Impulsen gehandelt. Im Gegenteil: Die Intensität der Gegensteuerung weist auf die Intensität der zurückgedrängten Neigungen. Die, an Alltagsmaßstäben gemessen, irrationale Feindesliebe verrät indirekt die Stärke der zu bewältigenden aggressiven Antriebe. Da wir nicht davon ausgehen können, daß diese einfach verschwunden sind, müssen wir sie auch in ihrer Metamorphose aufspüren.

8.2 Aggressionsverlagerung: Aggression, die nicht durch entgegengesetzte Impulse ausgeglichen werden kann, erscheint hin und wieder als Impuls, der einem stellvertretenden Subjekt zugeschrieben wird (wobei das Objekt dasselbe bleiben kann), oder als Impuls, der sich gegen ein stellvertretendes Objekt richtet (wobei das Subjekt identisch bleiben kann). Stellvertretend für menschliche Sozialpartner treten insbesondere übernatürliche Gestalten (Gott, Menschensohn, Dämonen) auf. Sie übernehmen aktiv oder passiv vorhandene Aggression und entlasten damit zwischenmenschliche Beziehungen. Berücksichtigt man den Unterschied von Eigen- und Fremdaggression, so ergeben sich vier Möglichkeiten der Aggressionsverlagerung:

	Eigenaggression:	Fremdaggression:
Ersatz des Subjekts	Stellvertretendes Subjekt: Der Menschensohn als eschatologischer Richter.	Stellvertretendes Subjekt: Gott als Allmächtiger.
Ersatz des Objekts	Verschiebung auf ein stellvertretendes Objekt: Aggression gegen die Dämonen.	Verschiebung auf ein stellvertretendes Opfer: Der erniedrigte Menschensohn.

a) *Ersatz des Aggressionssubjekts:* Wer eine Kränkung erlitten hat, ohne aggressiv zu reagieren, bestraft den Aggressor oft in seiner Phantasie, indem er sich ausmalt, wie ihm von dritter Seite Leid widerfährt. So auch in der Jesusbewegung. Wenn die urchristlichen Wandercharismatiker in einem Ort abgewiesen wurden, sahen sie das endzeitliche Gericht über diesen Ort hereinbrechen: »Dem Land der Sodomer und Gomorrher wird es erträglicher gehen am Tage des Gerichts als solch einem Ort« (Mt 10,15). Sie waren davon überzeugt, daß der Menschensohn Sünden gegen den heiligen Geist – dh. gegen den durch sie sprechenden prophetischen Geist – nicht vergeben würde (Mt 12,31 f). Durch Identifikation mit dem Menschensohn konnten sie ihren Aggressionen einen eschatologischen Aufschub zumuten und die Durchführung aggressiver Handlungen an den Menschensohn delegieren: »Wer sich mein und meiner (von urchristlichen Propheten tradierten) Worte schämt unter diesem abtrünnigen und sündigen Geschlecht, dessen wird sich auch der Menschensohn schämen, wenn er kommen wird . . .« (Mk 8,38). Kann Eigenaggression delegiert werden, so kann Fremdaggression einem anderen Subjekt zugeschrieben werden: Letztlich stand alles bei Gott. Er hatte die Haare auf dem Haupte gezählt. Warum sollte man sich also vor denen fürchten, die den Leib töten? (Lk 12,4–7).

b) *Ersatz des Aggressionsobjekts:* Die Psychoanalyse nennt die Verlagerung eines Triebimpulses auf ein anderes Ziel, das in keinem unmittelbaren Wirklichkeitszusammenhang mit dem ursprünglichen Ziel steht, »Verschiebung«. Auch in der Jesusbewegung begegnet uns diese Form von Aggressionsbewältigung. Aggression gegen die Römer scheint auf Dämonen »verschoben« worden zu sein, wie der Exorzismus am gadarenischen Ufer zeigt (Mk 5,1 ff): Die in der Schweineherde hausenden Dämonen verhalten sich wie die Besatzungsmacht. Sie sprechen Latein, stellen sich als »Legion« vor und haben wie die Römer nur den einen Wunsch, im Lande bleiben zu dürfen. Daß sie zusammen mit den Schweinen im See ertrinken, entspricht den wenig freundlichen Wünschen, die man im jüdischen Volk für die Römer hegte: Am liebsten hätte man sie ins Meer getrieben. Der Zusammenhang von Fremd- und Dämonenherrschaft ist plausibel: Mit den Römern kamen fremde Götter und Kulte ins Land. Schon die römischen Feldzeichen wurden als Götzen verdächtigt, weswegen ihre Anwesenheit in der heiligen Stadt Jerusalem zu Protesten führte (IQpHab 6,3 ff; ant 18,55 ff; 18,121). Götzen aber galten als Dämonen (Dt 33,17; Ps 95,5; ÄthHen 19,1; 99,7; Jub 1,11; 1Kor 10,20).

Je länger nun die Römerherrschaft dauerte, um so mehr mußte der Eindruck entstehen, anstelle Gottes herrschten Dämonen über Israel, zumal diese Meinung traditionelle Deutungsschemata wiederbelebte: Auch die syrische Fremdherrschaft war ähnlich interpretiert worden. In der damals entstandenen Hirtenapokalypse (ÄthHen 85–90) delegierte Gott mit dem Verlust der politischen Unabhängigkeit Israels seine Herrschaft an 70 Hirten, die das Volk willkürlich drangsalierten (85,59 ff) und am Ende der Tage verurteilt werden sollten (90,22 ff). Diese Hirten waren Dämonen, nämlich gefallene Engel und Untertanen des Satans. Bei den Essenern war der Kampf gegen die Völker am Ende der Tage zugleich Kampf gegen Belial und seine Scharen (1 QM 1,9 ff). Daraus läßt sich schließen: Wenn jemand in seinem politischen Gegner zugleich den Satan bekämpft, so trifft der Kampf gegen den Satan und seine Untertanen auch die politischen Gegner. Wenn Jesus also sagt: »Wenn ich mit dem Finger Gottes Dämonen austreibe, ist die Gottesherrschaft ja schon zu euch gekommen« (Lk 11,20), so ist das kein völlig apolitisches Wort[35]. Exorzismen waren ins Mythische transponierte Befreiungsakte. Die Dämonen fungierten als stellvertretende Objekte der Eigenaggression. Aber auch für erlittene Fremdaggression gab es einen »Stellvertreter«: Was den Angehörigen der Jesusbewegung widerfuhr, widerfuhr im Grunde dem Menschensohn selbst. Er wurde in dem geringsten seiner Brüder verachtet, geschmäht und verfolgt (Mt 25,40).

8.3 Aggressionsrückwendung: Eine der bemerkenswertesten Form der Aggressionsverarbeitung in der Jesusbewegung ist die Rückwendung von Aggression gegen den Aggressor – nicht als aggressiver Akt, sondern als moralischer Vorwurf und unausgesprochener Appell zum Aggressionsverzicht. Sofern es darum geht, Eigenaggression zu überwinden, handelt es sich um Verinnerlichung und Introjektion von Aggression. Introjizierte Aggressivität liegt im Aufruf zur Buße und den normverschärfenden Imperativen vor. Ein aufschlußreiches Beispiel ist Lk 13,1 ff. Pilatus hat galiläische Pilger umgebracht. Die Empörung ist groß. Jesus aber sagt dazu: »Meint ihr, diese Galiläer seien mehr als alle anderen Galiläer Sünder gewesen, weil sie dies erlitten haben? Nein, ich sage euch,

---

35 Vgl. die erhellenden Bemerkungen zu urchristlichen Exorzismen bei W. E. Mühlmann: Chiliasmus und Nativismus, Berlin 1961, 252. Er weist darauf hin, daß in Sibirien Bedrückung durch ein fremdes Volk mitunter chiffriert als Besessenheit durch einen fremden Dämon erscheint.

wenn ihr nicht Buße tut, werdet ihr alle auf gleiche Weise um-
kommen!« (13,2f). Die Empörung gegen die Römer wird hier umgelenkt: Nicht nach der Schuld der Römer wird gefragt, sondern
nach der eigenen Schuld. Die Auflehnung gegen die Römer wird
zur Auflehnung gegen sich selbst. Interessant ist, daß nicht nur
imperiale Machtstrukturen im Zusammenhang mit der Bußforderung begegnen. Auch fremde Stadtrepubliken (Mt 11,20ff) und
eine ausländische Monarchin (Mt 12,42) werden zitiert, um der
Bußforderung Nachdruck zu verleihen. Der Vergleich mit den
Fremden appelliert an das Selbstverständnis Israels, daß es eine
privilegierte, aber auch verpflichtende Sonderrolle unter den Völkern hat. Die Angst um den Verlust dieser Sonderrolle motivierte
schon beim Täufer den Bußruf (Mt 3,7ff).

Nun waren Bußruf und Normverschärfung im damaligen Judentum weit verbreitet. Überall wurde ein Teil der Aggression gegen
die Fremden in Selbstkritik verwandelt. Was war hier das Besondere von Täufer- und Jesusbewegung? Wir hatten gesehen: Die
normverschärfenden Tendenzen, die das Volk in seiner Eigenart
gegenüber dem assimilatorischen Sog von außen bewahren sollten, führten zu seiner Schismatisierung. Anders ausgedrückt: Die
erhöhte introjizierte Aggressivität normverschärfender Reaktion
führte gleichzeitig zu erhöhter Aggressivität gegen jeden, der die
verschärften Normvorschriften nicht einhielt. Das Volk zerfiel in
Gruppen, die sich gegenseitig ablehnten. Diese partikularisieren-
den Tendenzen provozierten eine Gegenbewegung: Wenn man
die Normen noch weiter verschärfte, so daß sie schlechthin uner-
füllbar wurden, dann standen alle unter dem drohenden Gericht
Gottes, die Frommen und die Unfrommen, die Radikalen und die
Gemäßigten. Dann konnte keine Gruppe mehr beanspruchen,
allein das »wahre Israel« zu sein. Dann konnte kein Mensch mehr
beanspruchen, etwas Besseres darzustellen. Dann waren alle Sünder gleich.

Verschärfte introjizierte Aggressivität konnte so paradoxerweise
in eine positive Annahme des anderen umschlagen. Dieser Umschlag bahnte sich in der Predigt des Täufers an. Sie konfrontierte
alle mit dem nahen Zorn Gottes: »Ihr Natterngezücht, wer hat
euch unterwiesen, daß ihr dem zukünftigen Zorn entrinnen werdet?« (Mt 3,7). Die Frage war rhetorisch. Für den Täufer stand fest,
daß niemand dem Zorn entrinnen kann, es sei denn, er ließ sich
zum Zeichen seiner Umkehr taufen. Die Jesusbewegung ging aus
der Täuferbewegung hervor, unterschied sich jedoch in drei cha-
rakteristischen Punkten von ihr:

a) Der Täufer lebte in der Wüste. Er begründete seine Evasion mit demselben Bibelzitat, mit dem die Qumrangemeinde ihren Wüstenaufenthalt begründete (Mk 1,3; 1QS 8,14; 9,19 f). Sein Rückzug aus der Gesellschaft war symptomatisch: Die Menschen mußten die unheilvolle Gesellschaft verlassen, um zum Täufer zu kommen. Anders als die Jesusbewegung: Sie wanderte durch das besiedelte Land und suchte das Volk in seinen Wohnsitzen auf.

b) Der lokalen Separation entsprach der asketische Zug der Täuferbewegung. Johannes aß und trank nicht – anders als Jesus (Mt 11,18 f). Auch die Jesusbewegung muß einmal das Fasten abgelehnt haben mit der Begründung: »Können die Hochzeitsleute fasten, während der Bräutigam bei ihnen ist?« (Mk 2,19a). An die Stelle eschatologischer Ängste trat hier die Gewißheit der Freudenzeit.

c) Der entscheidende Unterschied lag im Verständnis von Gericht und Gnade. Für die Johannesbewegung waren Umkehr und Taufe die einzige Rettung vor dem Strafgericht. Daß Jesus nicht taufte, kann kein Zufall sein. Wenn der Taufzwang auf eschatologischen Ängsten beruht, so muß dem Zurücktreten der Taufe ein Zurücktreten dieser Ängste entsprechen. Auch die Bußforderung kann nun mit der Freude Gottes motiviert werden, der sich mehr über einen umkehrenden Sünder freut als über 99 Gerechte (Lk 15,7). Sie wird in der hereinbrechenden Gottesherrschaft begründet (Mk 1,15). Und diese Gottesherrschaft wird als mysterium fascinosum dargestellt, als Hochzeitsmahl, Schatz im Acker, Perle. Das mysterium tremendum des Gerichts tritt etwas zurück. Das zeigt sich auch in Kleinigkeiten. In Mt 12,38 ff werden Jona und Salomo typologisch in Entsprechung zur Umkehrforderung Jesu gesetzt. Der erste ist ein Prophet, dessen Gerichtsankündigung von Gottes Gnade durchkreuzt wurde, der zweite ein König, der eine fremde Königin durch seine Weisheit faszinierte. Beide sind keine finsteren Bußprediger.

Der entscheidende Schritt von der Täufer- zur Jesusbewegung bestand darin, daß die radikalisierte Thoraverschärfung in einer radikalisierten Gnadenpredigt begründet und begrenzt wurde. Introjizierte Aggressivität schlug um in Selbstannahme aufgrund göttlicher Liebe. Wichtigste Voraussetzung dafür war jene angstfreie Atmosphäre, die in den Gleichnissen so deutlich hervortritt. Es ist, als hätte das Urvertrauen zum Leben einen neuen, mächtigen Impuls erhalten. Bedenkt man den Zusammenhang von Angst und Aggression, so wird verständlich, warum die Überwindung von Aggression in der Jesusbewegung zur konkreten sozialen Vision werden konnte.

Wir können den Umschlag von ethischem Radikalismus zur radikalisierten Gnadenpredigt letztlich nicht begründen. Wir können ihn aber an einigen Stellen in der synoptischen Tradition beobachten. Da wird im Anschluß an die Geschichte vom reichen Jüngling die Frage aufgeworfen: Wenn kein Reicher ins Gottesreich kommen kann, wer kann dann gerettet werden? Die Antwort ist: »Bei den Menschen ist es unmöglich, aber nicht bei Gott. Denn bei Gott ist alles möglich« (Mk 10,27). Die Unerfüllbarkeit der verschärften Norm wird hier zum Hinweis auf die Gnade Gottes. Das gilt auch für einige normverschärfende Antithesen der Bergpredigt. Gewiß wollen sie verwirklicht werden. Aber es werden doch feine Unterschiede gemacht. Zwei Mal wird nur die Normwidrigkeit des Verhaltens festgestellt: »Jeder, der seinem Bruder zürnt, ist des Gerichts schuldig« (Mt 5,22). »Jeder, der eine Frau ansieht, um sie zu begehren, hat mit ihr die Ehe schon in seinem Herzen gebrochen« (Mt 5,28). Die gewählten Formulierungen sind sinnvoll. Die Verschärfung des Tötungs- und Ehebruchsverbots überfordert jeden Menschen: Aggressive Affekte und erotische Faszination können nicht dem menschlichen Willen unterworfen werden. Wer das verlangt, verlangt Unrealisierbares. Auch die Jesusbewegung schien das zu ahnen. Denn innerhalb der jetzigen Komposition bei Mt folgen weitere Mahnungen, die das zuvor Verbotene de facto voraussetzen: Mt 5,23 fordert Versöhnung angesichts schon bestehenden Zerwürfnisses, Mt 5,29 Selbstverstümmelung im Falle von Ärgernissen, setzt also »ärgerliche« Affekte voraus. Es ist also sinnvoll, daß die jeweiligen Verbote nicht als Handlungsanweisungen formuliert sind. Es heißt nicht imperativisch: »Du sollst nicht zürnen«, »Du sollst keine sexuellen Gefühle gegenüber einer anderen Frau haben!«. Es wird nur indikativisch festgestellt, daß der Zürnende nicht besser als der Mörder, der Begehrende nicht besser als der Ehebrecher ist. Solche Schuldfeststellungen machen die selbstgerechte Verurteilung von Normwidrigkeiten unmöglich. Sie zwingen zu der Erkenntnis, daß es kein Verbrechen gibt, zu dem wir nicht in uns den Antrieb besitzen. Im Unterschied zu den untersuchten zwei Antithesen ist das Verbot des Eids als Handlungsanweisung formuliert: Der Eidesverweigerung stehen in der Tat keine physischen Schranken entgegen. Sie wurde von einigen Gruppen im Judentum geübt. Ansonsten aber zielen viele radikalisierten Normen (auch) auf die Erkenntnis, daß alle Menschen versagen, daß alle auf Gnade angewiesen sind, daß es sinnlos ist, andere zu verdammen, wenn man den Balken im eigenen Auge nicht wahrhaben will (Mt 7,3 ff). Daß es sinnlos ist, sich von den Sündern zu separieren, wenn niemand gut ist außer Gott (Mk 10,18). Daß es absurd ist, den ersten Stein zu werfen (Joh 8,1 ff). Daß Selbstgerechtigkeit Sünde ist, auch wenn man sich keiner Sünde bewußt ist: Darum geht der Zöllner gerechtfertigt in sein Haus anders als der selbstgerechte Pharisäer (Lk 18,10 ff). Im Neuen Testament wurde zum ersten Mal die bestürzende und heilsame Erkenntnis gemacht, daß jede ernst genommene ethische Forderung den Menschen seiner Unzulänglichkeit überführt, daß Ethos ohne Vergebung pervertiert und zur Moral mehr als Moral gehört, wenn sie menschlich bleiben soll. Diese Einsicht weist gewiß weit über den konkreten geschichtlichen Kontext hinaus, in dem sie entstand. Aber sie war einmal ein Beitrag zur Bewältigung einer tiefgreifenden Krise des Judentums: Die Identität des Judentums konnte durch konkurrierende und sich überbietende Thoraverschärfungen nicht gewonnen werden, sondern nur durch Erkenntnis göttlicher Gnade. Solidarität zwischen den Menschen war letztlich nicht durch verschärfte Normen zu gewinnen, welche die verborgene und offene Aggressivität zwischen den Menschen nur steigern konnten, sondern in einem neuen Verhältnis zu allen Normen: in der Vorordnung eines angstfreien Vertrauens vor alle Forderungen.

Der Verarbeitung introjizierter Eigenaggression entspricht die Rückspiegelung von Fremdaggression. Das alttestamentliche »Auge um Auge, Zahn um Zahn« soll nicht mehr gelten. Geboten wird vielmehr, »daß ihr nicht widerstreben sollt dem Übel; sondern wenn dir jemand einen Streich gibt auf deine rechte Backe, dem biete die andere auch dar« (Mt 6,39). Der Sinn dieses demonstrativen Verzichts auf Gegenwehr ist, den aggressiven Mitmenschen zur Besinnung zu bringen. Es ist, als postuliere die Jesusbewegung dabei eine noch nicht existierende menschliche Aggressionshemmung, wie wir sie bei Tieren beobachten können, wenn der Unterlegene seinen Verzicht auf Gegenwehr durch eine provozierend schutzlose Haltung signalisiert. Im Tierreich ist diese Aggressionshemmung instinktiv abgesichert; im menschlichen Bereich aber bedarf sie bewußter Verhaltenssteuerung und ist eine ethische Aufgabe. M. Gandhi und M. L. King haben sie für unsere Zeit neu und nachdrücklich formuliert. Auch sie hofften auf den paradoxen Umschlag von Gewalt in Gewaltlosigkeit, von Aggression in Versöhnung, indem sie durch Verzicht auf Gegenwehr an das Ethos des anderen appellierten. Natürlich enthält dieser Appell eine sublime Aggression, nämlich einen Vorwurf, der darauf baut, daß der andere sich ihn aus freien Stücken zu eigen macht – ohne Zwang. Man hofft, daß ein Teil seiner Aggression nach innen gelenkt wird, so daß neue aggressive Handlungen Schuldbewußtsein und Scham auslösen. Diese Form von Aggressionsverarbeitung finden wir auch in der christologischen Symbolik. Die Hinrichtung Jesu war eine Unterdrückungsmaßnahme der Römer. Sie löste in der Jesusbewegung keine Empörung gegen die Römer aus. Man akzeptierte die Niederlage. Das Kreuz wurde zum Zeichen des Heils. Nicht die Schuld der Römer offenbarte sich dort, sondern die eigene Schuld: Jesus mußte für unsere Sünden sterben. Der gescheiterte Messias wurde zum Heilbringer. Die Bedeutung dieses Vorgangs zeigt ein Vergleich mit anderen gescheiterten messianischen Gestalten. So wurde der letzte hasmonäische König Antigonos von den Römern hingerichtet, nachdem man ihn zuvor an einen Pfahl gebunden und gegeißelt hatte (Dio Cassius 49,22,6). Sein Ende sollte den Juden die Identifikation mit ihm unmöglich machen: »Er (dh. Antonius) war unter den Römern der erste, der einen König mit dem Beile töten ließ; denn er nahm an, daß die Juden auf keine andere Weise dahin gebracht werden könnten, Herodes an seiner Statt als König anzuerkennen . . ., so hoch war die Meinung, die sie von ihrem früheren Könige hatten. Deshalb glaubte er, daß durch diesen schmachvollen Tod sein Andenken bei den Juden ausgelöscht und der Haß derselben gegen Herodes geschwächt werden würde« (Strabo nach ant 15,9). Antonius hatte wenig Erfolg. Nach dem Tode des Herodes tauchten überall im Lande Messiasprätendenten auf. Auch sie scheiterten. Simon wurde enthauptet, Athronges scheint Archelaos in die Hände gefallen zu sein. Außerdem gab es viele gekreuzigte Messiasanhänger, die Varus ans Kreuz hatte schlagen lassen (ant 17,271–294). In der Jesusbewegung aber wurde zum ersten Mal das Scheitern einer Messiaserwartung religiös aufgearbeitet. Die Hinrichtung des Messias, die bei Antigonos zur Nichtidentifikation führen sollte, wurde bei ihm zum Anlaß gesteigerter Identifikation: Der Gekreuzigte wurde als Gottes Gesandter verehrt. In religiösen Symbolen akzeptierte man die faktische Ohnmacht des Judentums gegenüber den Römern und überwand so das römische Reich: Vom Unterlegenen und Wehrlosen ging ein kerygmatischer Appell aus, dem sich nach und nach auch die einstigen Sieger beugen mußten.

8.4 Aggressionssymbolisierung: Schon mehrfach wurde auf die Bedeutung christologischer Symbolik für die Aggressionsverarbeitung in der Jesusbewegung hingewiesen. Symbolisierung heißt nicht nur Darstellung psychodynamischer Prozesse, die unabhängig von den Symbolen existieren. Symbolisierung ist ein Weg, diese Prozesse zu steuern und zu beeinflussen. Die aggressionsgeladene Labilität sozialer Beziehungen in der jüdisch-palästinischen Gesellschaft verlangte nach Reduktion von Spannungen und Aggression. Häufig suchte man nach Sündenböcken und

Feindgruppen in und außerhalb der Gesellschaft, um für die angestauten Spannungen ein Ventil zu schaffen. Die Jesusbewegung wirkte dieser Tendenz entgegen. Sie akzeptierte demonstrativ die traditionellen Sündenböcke: die Fremden, die Zöllner, die Sünder. Hier berief man sich auf einen anderen »Sündenbock«, der alle anderen an aggressionsabsorbierender Kraft übertraf: Man machte den Gekreuzigten zum Sündenbock. So wenigstens interpretierte man schon früh seinen Tod (Mk 10,45; 14,24; 1Kor 15,3). Bemerkenswert ist: Wenn eine Gruppe jemanden zum Sündenbock abstempelt, so verdrängt sie aus ihrem Bewußtsein, daß er in Wirklichkeit Opfer ihrer eigenen Spannungen ist. Sie schreibt ihm als quasi naturhafte Qualität zu, was ihm erst sozial zugeteilt wurde. Diese Naivität fehlt in der christologischen Sündenbocksymbolik. Der Menschensohn übernahm bewußt die Rolle des Opfers für viele (Mk 10,45). Was sonst unbewußt abläuft, wurde hier in christologischen Bildern ins Bewußtsein gehoben. Bemerkenswert ist ferner: Die auf den Sündenbock übertragene Aggressivität hat zweierlei Ursprung. Er übernimmt die Aggressionen der Gruppe, ihre Übertretungen der Norm; er übernimmt aber auch die Aggressivität der Norm, des Gesetzes und des Gewissens: den Fluch des Gesetzes, wie Paulus sagt (Gal 3,13). Psychoanalytisch formuliert: Er übernimmt sowohl die Aggressivität des triebhaften Es als auch die des strengen Über-Ich, hinter dem der Gott des Gesetzes steht. Entscheidend ist wohl ein drittes: Normalerweise wird der Sündenbock in die Wüste geschickt, um alle Spannungen der Gemeinschaft dorthin mitzunehmen (Lev 16,10). Niemand kümmert sich mehr um ihn. Gerade seine Ausstoßung ist entlastend. Die Jesusbewegung aber identifizierte sich weiterhin mit ihrem »Sündenbock«. Sie schrieb ihm die Kraft zu, über den Sühnetod zu triumphieren. Sie machte ihn zum Herrscher. Jene Form der Daseinsbewältigung, die durch Verinnerlichung negativer Erfahrungen die Kraft gewinnt, sich über Leiden, Spannungen und Schuld zu erheben, fand hier ihr ergreifendes Symbol[36]:

36 Vgl. P. Berger: Zur Dialektik von Religion und Gesellschaft, Frankfurt 1973, 71–78. Berger sieht eine enge »Beziehung zwischen Masochismus und spezifisch biblischer Theodizee« (71) – auch in der Christologie. Unter Masochismus versteht er die Introjektion von Aggression: Die Frage der Rechtfertigung Gottes angesichts irdischen Leids wird durch die Frage nach der Sündhaftigkeit des Menschen ersetzt (Hiob), der sündige Mensch aber durch den leidenden Gott gerechtfertigt (Christus). Die Intention neutestamentlicher Christologie ist aber nicht der sublime Genuß eigenen Leids und eigener Schuld (das wäre Masochimus), son-

Das Opfer wurde zum Priester, der Gerichtete zum Richter, der Ohnmächtige zum Weltenherrn, der Ausgestoßene zum Zentrum der Gemeinschaft. Das ist zweifellos etwas Großartiges, etwas Einzigartiges. Es scheint, als hätte die Menschheit für einen Augenblick die Überwindung des alle menschliche Beziehungen vergiftenden Sündenbockkomplexes erfahren. Die sozialen Beziehungen müßten ganz anders aussehen, wenn diese Symbole internalisiert und Einfluß auf unser Verhalten gewinnen würden.

Halten wir fest: Eine kleine Außenseitergruppe experimentierte in einer aus den Fugen geratenen Gesellschaft, die unter einem Übermaß an Spannungen, Druck und Aggressionen litt, mit einer Vision von Liebe und Versöhnung, um die Gesellschaft von innen heraus zu erneuern. Dabei handelte es sich nicht um aggressionsarme Menschen, die von den Spannungen ihrer Zeit unberührt geblieben waren. Manches spricht für das Gegenteil. Viel Aggression konnte in Kritik an Reichtum und Besitz, Pharisäern und Priestern, Tempel und Tabus umgesetzt und so in den Dienst der neuen Vision gestellt werden. Ein großer Teil von Aggression wurde umgelenkt, verschoben, projiziert, transformiert und symbolisiert. Erst diese Aggressionsverarbeitung schuf Raum für die neue Vision von Liebe und Versöhnung, in deren Mittelpunkt das neue Gebot der Feindesliebe steht. Das Entstehen der »Vision« selbst bleibt ein Rätsel. Denn es gilt auch der umgekehrte Schluß: Voraussetzung für die verschiedenen Formen von Aggressionsverarbeitung war eine angstfreie Grundstimmung, ein erneuertes Grundvertrauen in die Wirklichkeit, das von der Gestalt Jesu ausstrahlt – bis heute.

9 Funktionale Auswirkungen

Hatte die Vision von Liebe und Versöhnung eine Chance, realisiert zu werden? Konnte sie einen konstruktiven Beitrag zum Gemeinschaftsleben bieten? Bei einer Antwort ist zu differenzieren: Welche Chancen hatte sie 1. innerhalb der Jesusbewegung selbst, 2. innerhalb der jüdisch-palästinischen Gesamtgesellschaft, 3. innerhalb der hellenistischen Welt.

dern Befreiung von Leid und Schuld. Ziel der christologischen Bilder ist es ja gerade, die aggressiven Impulse – auch die introjizierte Aggressivität des Schuldbewußtseins – durch Liebe und Versöhnung (auch mit sich selbst) zu ersetzen. Zweifellos ist aber die Glorifizierung eines sublimen Masochismus eine der großen Gefahren des Christentums.

9.1 Die Jesusbewegung: Selbstverständlich nahm man in der Jesusbewegung das eigene Programm ernst. Die Frage ist nicht so sehr, wie es möglich war, daß man eine Gruppe auf solch »weltfremde« Forderungen wie die Feindesliebe verpflichten konnte. Diese Gruppe befand sich in einer Ausnahme- und Außenseitersituation. Besonders die urchristlichen Wandercharismatiker besaßen die Freiheit, auch ein extremes Ethos zu verwirklichen. Unser Problem ist vielmehr: Wie konnten sie die Hoffnung hegen, mit diesem Ethos die ganze Gesellschaft zu durchdringen. Hieße das nicht, auf Wunder zu hoffen? In der Tat, man hoffte auf Wunder. Die Jesusbewegung glaubte an Wunder, an die Realisierung des unmöglich Scheinenden. Sie hatte Wunder erlebt. Denn es steht außer Zweifel, daß Jesus über paranormale Fähigkeiten verfügte. Und noch mehr: Daß er die Gabe besaß, in anderen Menschen solche Fähigkeiten zu wecken. Seine Anhänger haben selbst Wunder vollbracht. All diese Wunder galten als Anzeichen der großen eschatologischen Wende: Exorzismen zeigten das Kommen der Gottesherrschaft an (Mt 12,28). Wenn man aber über Kräfte verfügte, die eine totale Änderung der Welt anzeigten, durfte man sich dann nicht auch auf ethischem Gebiet Extremes zutrauen? Mußte der Glaube, der Berge versetzt (Mk 11,23), nicht fähig sein, auch das menschliche Herz zu verändern? Mußte nicht auch das Wunder der Liebe möglich sein, wenn so viele Wunder geschahen? Man darf die ermutigende Wirkung der Wunder nicht unterschätzen. Mt 11,2–6 verbindet beides: die paranormalen Handlungen Jesu und seine Evangeliumsverkündigung. Die Botschaft von Versöhnung und Liebe erhielt dadurch Auftrieb, daß die Blinden sehend wurden und die Kranken geheilt wurden.

9.2 Die jüdisch-palästinische Gesellschaft: Die Jesusbewegung ist als innerjüdische Erneuerungsbewegung gescheitert. Sie fand so wenig Anklang, daß der jüdische Geschichtsschreiber Josephus sie weitgehend ignorieren konnte. Ihr Scheitern in Palästina dürfte primär mit den wachsenden Spannungen in der jüdisch-palästinischen Gesellschaft zusammenhängen. Die Jesusbewegung war in einer vergleichsweise ruhigen Zeit entstanden. Tacitus weiß von ihr nur zu schreiben: sub Tiberio quies (hist V, 9). Die Unruhen nach dem Tode des Herodes (6 v. Ch.) und das erste Aufleben einer antirömischen Widerstandsbewegung nach der Absetzung des Archelaos (4 n. Ch.) lagen lange zurück. Spannungsfrei war die Situation gewiß nicht. Das wurde genügend belegt. Aber es fehlten größere Konflikte, so daß es vielleicht kein Zufall ist, wenn gerade in dieser Zeit eine neue irenisch gesonnene Bewegung entstand. In den 30er Jahren, nach dem Tode Jesu, verschärften sich auf jeden Fall die Spannungen: Die Auseinandersetzungen in Alexandrien (bei denen auch Palästinenser beteiligt waren) und die turbulenten Geschehnisse anläßlich des Versuchs Gaius Caligulas, seine Statue im Tempel unterzubringen (39/40 n. Ch.), dürften Symptome wachsender Konflikte sein, die durch die große Hungersnot unter Claudius (ca. 46/48 n. Ch.) noch einmal verschärft wurden. Fühlt eine Gesellschaft sich aber bedroht und verunsichert, so greift sie zumeist auf traditionelle Verhaltensweisen zurück, die heiligen Güter der Nation werden demonstrativ hochgehalten, die Abgrenzung gegen alles Fremde wird verschärft, fanatische Parolen haben Zulauf. Eine Entwicklung in diese Richtung ist auch für die jüdisch-palästinische Gesellschaft in der ersten Hälfte des 1. Jahrhunderts n. Ch. zu vermuten. Diese Entwicklung aber verminderte die Chancen der Jesusbewegung, die mit ihrer Kritik an Tempel und Gesetz die Tabusphäre der Gesellschaft berührte. Ihre Haltung zu Fremden lief den vermuteten Tendenzen zur Abgrenzung entgegen. Und es ist sogar wahrscheinlich, daß sie oft in die Rolle eines Sündenbocks gedrängt wurde: Die Abneigung gegen die Fremden konnte sich leicht auf die übertragen, die die Abgrenzung gegenüber den Fremden lockerten oder sogar durchbrachen. Gesellschaftliche Spannungen konnten sich in der Unterdrückung von Minderheiten äußern. So kam die Verfolgung unter Herodes Agrippa (41–44 n. Ch.) wohl kaum zufällig nach den Unruhen in Alexandrien und Palästina. Und es ist auch kein Zufall, daß sich Herodes Agrippa gleichzeitig die hellenistischen Städte und die ersten Christen zu Feinden machte (Apg 12,20 ff). Die Apostelgeschichte betont ausdrücklich, daß die Verfolgung den Wünschen der »Juden« entgegen kam. Muß nicht ein Bedürfnis nach Sündenböcken im Volk existiert haben? Erst recht mußte die Lage der Christen mit den zunehmenden Spannungen vor dem jüdischen Krieg prekär werden. Die Christen gehörten zur Friedenspartei. Nichts spricht für die Annahme, daß sie sich am Aufstand gegen die Römer beteiligt hätten. Wahrscheinlicher ist, daß viele damals das Land verließen, weil die Situation unerträglich wurde.

Nun könnte man so argumentieren: Auch das hillelitische Pharisäertum scheint vor dem jüdischen Aufstand wenig Chancen gehabt zu haben. Es war zu kompromißbereit. Warum setzte es sich nach dem Aufstand durch? Warum hatte das Christentum überhaupt keine Chance, als es darum ging, das Judentum neu zu konsolidieren? Damit kommen wir zu einem zweiten Grund für das Scheitern der Jesusbewegung in Palästina: dem Erfolg des Urchristentums außerhalb Palästinas. Dieser Erfolg mußte negative Rückwirkungen auf die Situation der Christen im Ursprungsland der Bewegung haben. Je deutlicher wurde, daß das Christentum die Grenzen des Judentums überschritt und auch unbeschnittene Heiden akzeptierte, um so weniger Chancen hatte es als innerjüdische Erneuerungsbewegung. Denn man kann keine Gruppe reformieren und gleichzeitig ihre Identität in Frage stellen: Das Wirken christlicher Missionare unter Heiden mußte so verstanden werden, als sollten die anderen Völker den Juden gleichgestellt werden. Es ist daher verständlich, daß die Fraternisierung von Juden und Heiden in der antiochenischen Gemeinde von der Jerusalemer Gemeinde mit Argwohn beobachtet wurde (Gal 2,11 ff). Und daß Paulus von den palästinischen Gemeinden als kompromittierend empfunden wurde und seine Landsleute Mordanschläge gegen ihn planten (Apg 23,12 ff). Um das Scheitern der Jesusbewegung als innerjüdischer Erneuerungsbewegung zu verstehen, ist es also notwendig, ihren Erfolg im hellenistischen Bereich zu untersuchen. Eine solche Untersuchung würde den Rahmen dieses Versuchs einer Soziologie der Jesusbewegung überschreiten. Wir müssen uns darauf beschränken, einen kurzen Blick auf die weitere Entwicklung zu werfen.

9.3 Die hellenistische Gesellschaft: Der Analyse der palästinischen Jesusbewegung lag eine religionssoziologische Konflikttheorie zugrunde: Religiöse Erneuerungsbewegungen entstehen aus sozialen Spannungen und versuchen, neue Impulse zu ihrer Lösung zu geben. In kleinen Außenseitergruppen experimentiert die Gesellschaft mit neuen Lebensformen, wählt aber aus der Fülle neu entworfener Möglichkeiten nur wenige Elemente aus und paßt sie ihren Bedürfnissen an. Vieles bleibt ungenutzt. Auch die Jesusbewegung unterlag innerhalb der jüdisch-palästinischen Gesellschaft einer negativen Selektion. In der hellenistischen Gesellschaft wurde sie dagegen positiv aufgenommen. Um dies zu erklären reicht eine religionssoziologische Konflikttheorie nicht aus. Denn verglichen mit anderen Epochen der Weltgeschichte gehört das römische Reich in den ersten beiden Jahrhunderten n. Ch. zu den seltenen Ausnahmen, die durch Frieden und Stabilität, Wohlstand und offene Kommunikation gekennzeichnet sind. Die hellenistischen Mittelmeerstädte blühten auf und erreichten eine zivilisatorische Höhe, die erst in der Neuzeit wieder erreicht wurde. Natürlich gab es Spannungen, aber es scheint viel angemessener, sie unter dem Aspekt zu betrachten, wie die Gesellschaft sie integrierte und ausbalancierte. Daher dürfte zur Analyse des hellenistischen Urchristentums eine religionssoziologische Integrationstheorie angemessener sein, um die (leider auch hier sehr spärlichen) soziologisch relevanten Daten zu erfassen und zu ordnen. Die Grundfrage lautet: Wie wurden aus einem Gemisch ethnischer, sozialer und religiöser Gruppen relativ stabile und belastungsfähige Gemeinden von hoher innerer Kohäsion? Wie wurde aus Juden und Heiden, Griechen und Barbaren, Sklaven und Freien, Männern und Frauen eine neue Einheit in Christus (vgl. Gal 3,28; 1Kor 12,13; Röm 1,14)?

Der Übergang von der palästinischen Jesusbewegung zum hellenistischen Urchristentum ist mit einer tiefgreifenden Änderung der Rollenstruktur verbunden. Waren im palästinischen Urchristentum die Wandercharismatiker die entscheidenden Autoritäten, so verlagerte sich im hellenistischen Bereich das Gewicht bald auf die Ortsgemeinden: Die in ihnen ansässigen Autoritäten wurden zu den ausschlaggebenden Gestalten des Urchristentums, zunächst als Kollegialorgane, schon Anfang des 2. Jahrhunderts jedoch als monarchisches Bischofsamt (Ignatius von Antiochien), die Nachfolger urchristlicher Wandercharismatiker aber gerieten immer mehr in Mißkredit, wie der 3. Johannesbrief zeigt. Eine Folge dieser Umstrukturierung ist, daß die in den hellenistischen Gemeinden entstandene urchristliche Literatur (vor allem das Briefcorpus des Neuen Testaments) primär an den Interaktionen innerhalb der Ortsgemeinde orientiert ist, wenn es um ethische Weisungen geht. Das gilt auch für die von dem Wanderprediger Paulus verfaßten Briefe. Das radikale Ethos der synoptischen Tradition wird nur zögernd rezipiert. Paulus zitiert kaum Herrenworte. Und selbst wenn er mehrere gekannt hätte –, der ethische Radikalismus der Jesusbewegung, ihr Ethos der Familien-, Heimat-, Besitz- und Schutzlosigkeit hätte in den von ihm gegründeten Gemeinden keinen Lebensraum gehabt. In diesen Gemeinden entstand vielmehr ein gemäßigter Liebespatriarchalismus, der sich an den Bedürfnisse sozialer Interaktionen im christlichen Hause orientierte: an den Problemen des Zusammenlebens von Herren und Sklaven, Männern und Frauen, Eltern und Kindern (vgl. die Haustafeln Kol 3,18 ff; Eph 5,22 ff) Die Umstrukturierung des Rollengefüges erstreckte sich auch auf die Rolle des Offenbarers: Während die Menschensohnchristologie von einer aszendenten

Bewegung bestimmt ist – der jetzt Verachtete und Verfolgte wird zum Weltenrichter –, tritt in den hellenistischen Gemeinden eine deszendente Bewegung hinzu: Der präexistente Sohn Gottes entäußert und erniedrigt sich in unsere Welt. Paulus kann diesen Vorgang metaphorisch und sachlich mit der Sozialstruktur urchristlicher Gemeinden in Verbindung bringen. Die Erniedrigung des Gottessohnes ist freiwillige Armut: »Denn ihr wisset die Gnade unsres Herrn Jesus Christus, daß, ob er wohl reich war, ward er doch arm um euretwillen, damit ihr durch seine Armut reich würdet« (2Kor 8,9). Seine Erscheinung in törichter Gestalt korrespondiert der Tatsache, daß die meisten Gemeindeglieder aus den unteren Schichten stammen (1Kor 1,26ff). Auch hier können wir also eine Strukturhomologie zwischen urchristlichen Gruppen und der Rolle des Offenbarers feststellen.

Eine Faktorenanalyse des hellenistischen Urchristentums weist ebenfalls auf tiefgreifende Veränderungen. Wir müssen uns hier mit einer kurzen Skizze der wichtigsten Faktoren begnügen.

a) Die sozioökonomische Situation veränderte sich grundlegend. Auch wenn die hellenistischen Gemeinden keine großen Reichtümer sammelten, so waren sie doch in der Lage, die palästinischen Gemeinden zu unterstützen (Gal 2,10; Röm 15,15ff; 1Kor 16,1ff; 2Kor 8f; Apg 11,27ff). An die Stelle sozial entwurzelter Wandercharismatiker traten in wachsender Zahl sozial höherstehende Christen; in Korinth bildeten diese zwar nur eine kleine Minorität (1Kor 1,26ff), da sich aber fast alle namentlich von Paulus genannten Gemeindeglieder den gehobenen Schichten zurechnen lassen – sofern wir überhaupt etwas über ihren Sozialstatus erfahren –, können wir schließen, daß die in der Gemeinde ausschlaggebenden Christen zu den besser gestellten Kreisen gehörten[37]. Plinius d. J. bestätigt ausdrücklich, daß zu den Christen Menschen aus jedem Stand (omnis ordinis) gehörten (ep. X 96,9). An die Stelle einer rigorosen Kritik an Reichtum und Besitz tritt mehr und mehr der Versuch eines »effektiven Ausgleichs«[38] zwi-

---

37 Die sozialen Verhältnisse in der korinthischen Gemeinde habe ich in einigen Beiträgen zu erhellen versucht: Soziale Schichtung in der korinthischen Gemeinde, ZNW 65 (1974), 232–272; Soziale Integration und sakramentales Handeln, NovTest 24 (1974), 179–206; Die Starken und Schwachen in Korinth, EvTh 35 (1975), 155–172; Legitimität und Lebensunterhalt, NTS 21 (1975), 192–221.
38 M. Hengel prägte die treffende Formel vom »Kompromiß des effektiven Ausgleichs« für das soziale Ethos des Urchristentums im 2. Jhdt. n. Ch. vgl. Eigentum und Reichtum (s. Anm. 1), 65ff.

schen den Schichten. Im Hirten des Hermas sieht das so aus: Die Reichen unterstützen die Armen mit ihrem Besitz, die Armen die Reichen mit ihrem Gebet. Denn der Reiche ist arm in seinem Verhältnis zu Gott, der Arme aber reich an Glauben (sim II, 5ff).

b) Sozioökologische Änderungen sind nicht weniger entscheidend. Aus einer ehemals ländlichen Bewegung wurde eine städtische Gruppierung. Wenn Plinius d. J. schreibt, das Christentum breite sich »nicht nur über die Städte, sondern auch über die Dörfer und das flache Land aus« (ep. X, 96,9), so ist klar, wo das Christentum seinen Schwerpunkt hatte. Die wachsenden Städte mit neu zugezogenen Bevölkerungsteilen waren der neuen Botschaft gegenüber offener als das traditionalistisch eingestellte Land. Gerade solche Gruppen, die in den jeweiligen Städten noch nicht allzu tief verwurzelt waren, konnten in den Gemeinden Geborgenheit und Halt finden. Mit dem Wechsel vom Land in die Stadt hängt wahrscheinlich zusammen, daß die konkreten und anschaulichen Bilder der synoptischen Tradition immer mehr zugunsten abstrakter Gedankengänge zurücktreten: Die urchristliche Literatur wird theologischer, spekulativer, reflexiver.

c) Soziopolitisch sah die Situation im hellenistischen Bereich anders als in Palästina aus. Palästina war ein Pulverfaß, in den Mittelmeerstädten hielten sich die Spannungen in Grenzen. Das hellenistische Urchristentum war mit den politischen Strukturen seiner Umwelt weitgehend einverstanden, wenn auch immer unter dem eschatologischen Vorbehalt, daß diese ganze Welt ohnehin bald vergehen würde. Paulus zB. ist in die hellenistische Gesellschaft in dieser Hinsicht gut integriert. Er war sowohl Bürger der kleinasiatischen Stadtrepublik Tarsos (Apg 21,39) als auch römischer Bürger (Apg 22,25ff). Radikaltheokratische Gedankengänge lagen ihm fern. Der Reich-Gottes-Begriff wurde von ihm selten benutzt, wie er überhaupt im hellenistischen Urchristentum stark zurücktrat. Er bezog seine Kraft aus den soziopolitischen Spannungen Palästinas und der Unzufriedenheit mit den bestehenden Herrschaftsstrukturen. Paulus ist von solcher Unzufriedenheit weit entfernt. Für ihn ist alle Obrigkeit von Gott (Röm 13,1ff).

d) Der Wechsel vom palästinischen zum hellenistischen Bereich war mit einem weitgehenden soziokulturellen Wandel verbunden. Das Urchristentum drang in den Bereich einer neuen Sprache vor. Es mußte sich mit philosophischen Strömungen auseinandersetzen und mit anderen Religionen konkurrieren. Es wurde mit einer Fülle neuer Traditionen, Normen und Werte konfrontiert. Erst jetzt trat es in die »große« Welt. Erst jetzt wandte es sich in seinen

Schriften an ein größeres Publikum, zB. in den Apologien des 2. Jahrhunderts. Erst jetzt wurde es zu einer selbständigen Religion. Denn ursprünglich war es eine innerjüdische Erneuerungsbewegung; und es verdankt dieser Herkunft ein reiches Erbe: den Monotheismus, ein hochstehendes Ethos, die Schärfe prophetischer Kritik, ein universales Geschichtsbild, kurz: das Alte Testament mit seinen großartigen Gestalten. Mit all dem übernahm es aber auch den Ethnozentrismus des jüdischen Volkes, den es dahingehend transformierte, daß es sich als »wahres Israel« darstellte und daran einen Absolutheitsanspruch knüpfte, der nicht mehr durch ethnische Grenzen eingeschränkt und gemildert wurde. Mit diesem Absolutheitsanspruch trat es in einer von relativ großer religiösen Toleranz gekennzeichneten heidnischen Welt auf; es stellte die Grundlagen einer Welt in Frage, von deren Toleranz es gleichzeitig profitierte.

Stellt man alle Faktoren in Rechnung, so versteht man, warum die hellenistische Welt für das Urchristentum günstiger als die palästinische war: Die Vision von Liebe und Versöhnung wurde wohl in einer krisenhaften Gesellschaft geboren, aber sie hatte hier keine sozialen Realisierungschancen. Die spannungsfreiere Welt der hellenistischen Städte (zwischen Stadt und Land gab es auch hier erhebliche Spannungen; die Städte waren privilegiert) kam der neuen Vision mehr entgegen. Hier gab es einen hohen Grad lokaler und sozialer Mobilität, ein Zwang zur Kommunikation zwischen verschiedensten Menschen, ein Bedürfnis nach Integration. Hier hatte eine irenische Bewegung von vornherein mehr Chancen. Es gelang ihr, in der relativ ruhigen Zeit bis Anfang des 3. Jahrhunderts n. Ch. eine stabile Organisation aufzubauen, institutionelle Normen wie Amt, Kanon und Glaubensbekenntnis durchzusetzen, einen sozialen Ausgleich zwischen den Schichten innerhalb der Gemeinden zu schaffen und sich von radikalen Strömungen wie Montanismus und Gnosis abzugrenzen, so daß sie die große politische, soziale und ökonomische Weltkrise, die im 3. Jahrhundert n. Ch. das römische Reich erschütterte, trotz massiver Verfolgungen intakt überstand, während die traditionellen politischen und religiösen Institutionen geschwächt aus ihr hervorgingen. Bei seiner Neuorganisation des Reiches konnte Konstantin auf eine kleine, gut organisierte christliche Minderheit zurückgreifen, die sich in kritischen Situationen bewährt hatte, um dem Staat auch bei zunehmendem sozialen Druck inneren Halt zu geben. Das Christentum wurde mehr und mehr zum Sozialkitt des spätantiken Zwangsstaates. Die Vision von Liebe und Versöhnung verblaßte. Aber sie flackerte immer wieder auf. Einige »Narren in Christo« folgten ihr, die man gerne als religiöse »Virtuosen« klassifiziert, um sie nicht allzu ernst nehmen zu müssen. Und doch könnte es sein, daß das Ethos der Feindesliebe, der Gewaltlosigkeit und Freiheit gegenüber dem Besitz, das viele zu den Sonntagsnormen der Weltgeschichte zählen, bei wachsender Labilität unserer sozialen Beziehungen auch für den »Alltag« von Bedeutung wird. Die Notwendigkeit des Friedens im Inneren und Äußeren bei gleichzeitiger Dringlichkeit sozialer Veränderung verlangt von uns vielleicht radikalere Verhaltensänderungen, als wir wahrhaben wollen. Was bisher dysfunktional war, könnte sich einmal als funktional, was zum ethischen Luxus der Menschheit gezählt wurde, als Überlebenschance erweisen[39].

39 Es wäre noch viel zu sagen, zB. zu Konsequenzen einer Soziologie der Jesusbewegung für die Leben-Jesu-Forschung, für die Christologie, die Ethik, die kirchliche Praxis. Meine Gedanken zu grundsätzlichen Fragen der Theologie hoffe ich, an anderer Stelle einmal darstellen zu können. Daher beschränke ich mich auf einige leider notwendige Bemerkungen: 1. Wer eine Soziologie der Jesusbewegung für ein lohnendes Unterfangen hält, strebt deswegen noch keine Theologie der Sozialstrukturen oder eine soziologische Theologie oder eine theologische Soziologie oder irgendetwas dergleichen an. 2. Wer vom Marxismus lernt und durch ihn angeregt, Konflikttheorien der Gesellschaft zur Deutung sozialer und religiöser Prozesse heranzieht, ist darum noch kein Marxist. Ich verweise auf R. Dahrendorf. 3. Wer über den urchristlichen Wanderradikalismus schreibt und seine Sympathien für ihn nur schwer verleugnen kann, ist deswegen noch kein Radikaler.

KAISER TASCHENBÜCHER

KAISER TASCHENBÜCHER

KAISER TASCHENBÜCHER